Sergio Bambaren
Der Klang der Stille

PIPER

Zu diesem Buch

Dies ist eine wahre Geschichte. Sie handelt von Antonio, der ein kleiner Junge ist und ein großer Held. Er wächst auf einer paradiesischen Insel im Südpazifik auf, und früh bringt ihm sein Vater bei, die Wunder der Natur zu erkennen und dem Klang der Stille zu lauschen, wenn sich der Nebel über das Meer legt. Es ist eine Melodie, die Kraft und Mut spendet. Beides braucht Antonio, als er älter wird und auf das Festland zieht, um die Welt jenseits seines Paradieses kennenzulernen. Denn auf der »Betoninsel«, wie er die pulsierende Großstadt Lima nennt, begegnen ihm Krieg, Kummer, Armut und Not. Mehr als einmal muss Antonio eingreifen, um ein Leben zu retten. Und er erkennt: Solange die Melodie der Stille in ihm erklingt, wird ihn der Mut niemals verlassen.

Sergio Bambaren gelang mit seinem Debüt »Der träumende Delphin« auf Anhieb ein internationaler Bestseller, an den er mit weiteren Büchern anschloss. Er engagiert sich für die Umweltschutzorganisation »Mundo Azul« und ist Präsident des Non-Profit-Unternehmens »Delphis«.

Sergio Bambaren

Der
Klang der
Stille

Ein Buch für Mutige

Übersetzung aus dem Englischen
von Gaby Wurster

PIPER

Mehr über unsere Autoren und Bücher:
www.piper.de

Von Sergio Bambaren liegen im Piper Verlag vor:

Der träumende Delphin
Ein Strand für meine Träume
Das weiße Segel
Samantha
Der Traum des
Leuchtturmwärters
Stella. Ein Weihnachtsmärchen
Die Botschaft des Meeres
Die Zeit der Sternschnuppen
Der kleine Seestern
Die Rose von Jericho

Die Bucht am Ende der Welt
Die Blaue Grotte
Die Heimkehr des
träumenden Delphins
Lieber Daniel
Die beste Zeit ist jetzt
Die Stunde der Wale
Die Weisheit deines Herzens
Das Leuchten der Wüste
Das Fenster zur Sonne
Der Klang der Stille

MIX
Papier aus verantwor-
tungsvollen Quellen
FSC® C083411

Ungekürzte Taschenbuchausgabe
ISBN 978-3-492-31279-0
Mai 2018
© Sergio Bambaren 2016
Titel der englischen Originalausgabe:
»Song of Silence«, 2016
© der deutschsprachigen Ausgabe:
Piper Verlag GmbH, München 2017,
erschienen im Verlagsprogramm Pendo
Umschlaggestaltung: U1 berlin/Patrizia Di Stefano
Umschlagabbildung: Lincoln Seligman und Nancy Moniz
Charalambous/Bridgeman Images
Satz: Fotosatz Amann, Memmingen
Gesetzt aus der Bauer Bodoni
Druck und Bindung: CPI books GmbH, Leck
Printed in the EU

Inhaltsverzeichnis

Jede Minute, die vergeht,
ist eine Gelegenheit, alles zu verändern,
jeder Augenblick ist eine Chance, alles zu
verbessern.
Und deshalb, Leben, verspreche ich Dir:
Ich werde meinem Herzen treu sein.
Ich werde der Hüter meiner Träume sein.
Ich werde alle Meere befahren, um mit eigenen
Augen die wundervolle Welt zu sehen, in der wir
leben.
Ich werde jede Sekunde meines Lebens festhalten
wie einen Schatz, den ich eigentlich nicht verdient
habe.
Ich werde tief einatmen,
um meine Lungen nicht nur mit Luft,
sondern auch mit der Magie zu füllen,
die mich umgibt.
Ich werde meinen eigenen Weg gehen, egal, was
andere
sagen oder glauben mögen.
Ich bin der Herr über mein eigenes Schicksal,
ich werde meinem Herzen immer treu sein,
und auch meinem eigenen Seelenfrieden.

Und, Leben,
auch das verspreche ich Dir:
Wenn der Augenblick gekommen ist,
um meinen letzten Atemzug zu tun,
um die letzte Welle zu reiten,
um mir einen letzten Traum zu erfüllen,
dann werde ich Dir zulächeln,
Du gütiges, wunderbares Leben,
und Dir für all die Momente danken, die Du mir
geschenkt hast,
ohne etwas dafür zu erbitten.
Und das ist mein Versprechen an Dich,
kostbares,
einzigartiges,
wunderschönes
Leben!

Erster Teil

Prolog

Ich bin eine Nachtigall.
Oder anders gesagt: Ich bin das, was die Menschen einen Vogel nennen. Und vor langer Zeit hat mich ein weiser Mann als Nachtigall bezeichnet – fragt mich nicht, warum. Also bin ich nun, damit wir einander verstehen, eine Nachtigall.

Mein ganzes Leben lang habe ich die Menschen vom Himmel aus beobachtet. Von weit oben, wohin sie normalerweise nicht blicken: vom Dach eines Gebäudes aus, von einem Ast, einer Telefonleitung, die von Mast zu Mast verläuft. Ich habe viele verschiedene große und kleine Städte bereist, ja ganze Länder, und nichts kam mir eigenartiger vor als die Willkür, mit der sich Menschen voneinander abgrenzen und sich einreden, sie selbst wären aus mir unverständlichen Gründen anders als jene, die jenseits einer imaginären Grenze leben.

Mein Leben lang beobachte ich nun schon die Menschen. Und bis heute verstehe ich vieles nicht, was sie tun, und auch nicht, wieso sie es tun. Es fällt mir schwer, einen Sinn in ihren Handlungen zu sehen. Aber wahrscheinlich ist dies der Tatsache geschuldet, dass ich nur eine einfache Nachtigall bin. Ich lebe ein schlichtes Leben, es verläuft im Fluss meines Wesens – das weiß ich. Ich könnte also genauso gut sagen, dass es einerlei ist, ob ich die Handlungen der Menschen nachvollziehen kann, und dass ich, als Vogel, der ich bin, sie auch gar nicht nachvollziehen muss. Ich wurde geboren, um im hohen Wind zu segeln, nicht, um wie ein Mensch zu denken oder zu handeln. Warum mir also den Kopf zerbrechen und mir das Leben schwer machen mit Dingen, die ich nicht verstehe?

Doch wir Nachtigallen sind stur. Und so beschloss ich eines Tages, hinunter in die Welt der Menschen zu fliegen und mich unter sie zu mischen.

Ich erinnere mich noch sehr gut an diesen Tag. Ich segelte in einem starken Wind von Norden, der sich seine winterliche Kälte bewahrt hatte. Doch nach einer ganzen Woche voller dunkler und trister Stürme lugte an jenem Tag die Sonne hinter den Wolken hervor. Dieser erste goldene Sonnenstrahl beschien einen schönen Park, der von einer üppigen, grünen Hecke gesäumt und voller bunter Blumen war, die nun in den ersten Frühlingswochen sprossen. Ich flatterte vom Himmel herab und landete inmitten der satten, grünen Wiese. Von dort aus spazierte ich durch den Park und stellte verschiedenen Leuten Fragen zu ihren Verhaltensweisen, die ich mir nicht erklären konnte. Keiner hat mir eine Antwort gegeben.

Ich gab nicht auf und flog weiter, kam immer wieder von Dächern, Telefonleitungen und Ästen herunter und stellte jedem Menschen, den ich sah, unaufhörlich dieselben Fragen. Und noch immer bekam ich keine einzige Antwort.

Ich weiß bis heute nicht, ob es daran lag, dass sie mich nicht verstehen konnten oder dass ich sie nicht verstand. Wieder und wieder versuchte ich, ihre Aufmerksamkeit zu erregen, indem ich sie umkreiste und ihnen ein Ständchen brachte, das Lied, mit dem ich das Leben feiere. Aber das Ergebnis war immer das Gleiche – ein dünnes Lächeln oder eine rasche Geste mit der Hand, die besagte: »Hau ab!«

So vergingen einige Jahre, und ich verfolgte weiterhin alles, was die Menschen taten und bemühte mich, sie zu verstehen. Ich dachte, mein Schicksal wäre besiegelt und ich würde sterben, ohne ihre Handlungen zu begreifen.

Doch dann – während einiger glutheißer Tage, in denen die Blumen in dem verzweifelten Versuch, ihre Blütenblätter vor der Hitze zu schützen, die Köpfe hängen ließen – traf ich endlich einen Mann, der nicht nur flüchtig lächelte oder mich gar verscheuchte.

Ich hatte die Nacht auf einem Ast tief in der Krone eines einzelnen Baumes verbracht, der auf einem kleinen Platz stand. Wegen der Hitze blieb ich den Morgen über dort im Schatten und begrüßte mit einem Lied die eben aufgehende Sonne. Denn auch wenn ich unter den hohen Temperaturen litt – nichts kann mich je davon abhalten, mich am Leben zu erfreuen. Ich blieb mir also treu und fing an zu singen.

Der Mann spazierte allein an einer Holzbank vorbei, die unter dem Baum, inmitten des kleinen Platzes mit viel Beton stand. Die kleine Grünfläche daneben war mit mehr Schokoladenpapier und Plastiktüten übersät als mit Blumen. Er hörte mein Lied, blieb stehen und blickte auf. Dann öffnete er seine Hand, streckte sie freundlich nach mir aus und bat mich, zu ihm zu kommen. Er fragte nicht mit Worten, sondern mit einem ehrlichen Lächeln, das so zufrieden wirkte und so von Herzen kam, dass es diesen heruntergekommenen Platz in den schönsten Ort der Welt verwandelte.

Zuerst zögerte ich. Ich kannte die Menschen ja überhaupt nicht. Doch ich wusste, dass ich das Risiko eingehen und diese einmalige Gelegenheit ergreifen musste, nach der ich mich so lange gesehnt hatte. Also flog ich von dem Ast, auf dem ich gesessen hatte, herunter und landete auf der Hand des Mannes.

»Hallo«, sagte ich hoffnungsvoll.

»Guten Morgen«, antwortete er mir.

Und ich konnte es nicht glauben. Endlich ein Mensch, der mich verstand!

So kam es, dass ich endlich den Menschen fand, nach dem ich gesucht hatte. Ich blieb auf seiner Hand sitzen, während er weiterspazierte und sich immer mehr von diesem kleinen Platz entfernte. Als wir zu einem hübschen Bach am Rande einer steilen Klippe in den Außenbezirken des Städtchens kamen, machte der Mann halt und setzte sich auf einen flachen Felsen. Wir blickten zusammen in die schöne Sonne, die von Wolken, so weiß wie Neuschnee, eingerahmt wurde. Ihr warmes Licht spiegelte sich im tiefblauen Wasser und verwandelte das Meer in eine glitzernde und funkelnde Fläche. Die Ruhe wurde nur von den Wellen durchbrochen, die an die Felsen unter uns brandeten, und vom Plätschern des Bachs, der sanft die Klippe hinunterfloss.

Der Mann sah mich lange an, tief in seiner Erinnerung versunken. Schließlich fragte ich ihn, wer er sei und wie es sein könne, dass er mich verstand. Ich spürte, dass mir die außergewöhnlichste und erfüllendste Erfahrung bevorstand, die einer Nachtigall im Leben vergönnt ist: mit einem ungewöhnlichen Menschen zusammen zu sein, der fernab all der willkürlichen und seltsamen Regeln der Gesellschaft geboren worden war. Ein Mensch, der den Großteil seiner Kindheit zusammen mit seiner Familie in Abgeschiedenheit verbracht hatte, bis er sich schließlich irgendwann der Welt der anderen Menschen stellen musste. Es ist eine wahre Geschichte.

Ich bin eine Nachtigall, und wir Nachtigallen wissen nicht, was eine Lüge ist, daher können wir nicht lügen. Wir sind stur, ja, aber wir lügen nicht. Genauso wenig wie dieser Mann, der als Kind nie gelernt hatte, die Unwahrheit zu sagen. Und der, als er eines Tages hinaus in diese unaufrichtige Welt ziehen musste, nur über eine einzige Waffe verfügte, die sich als ein goldener Schatz entpuppte: die Arglosigkeit.

Islas Guañape

Es war einmal ein Fischer mit Namen Guillermo Sanchez Aranibar. Er war der Vorsteher einer Insel, die reich an Guano war, dem althergebrachten Dünger, den man vor der Entwicklung von Kunstdünger in der Landwirtschaft verwendete. Guano ist nichts anderes als ein Gemenge aus den Exkrementen von Millionen Seevögeln, die den Himmel über den Inseln an der Südostküste des Pazifischen Ozeans bevölkern. Im Lauf der Jahre bildet dieser Dung durch Verwitterung Schichten einer trockenen grauen Masse, die sehr nährstoffreich für den Boden ist. Trotz der Entwicklung vieler Arten von synthetischen Düngern reicht keiner an die Wirksamkeit dieses natürlichen Stoffes heran.

Ein-, zweimal im Jahr werden die Guano-Schichten abgetragen, abgepackt und für den Verkauf mit Booten aufs Festland verschifft. Es braucht ein paar Tausend Männer, um den Guano aus dem massiven Kalkfels zu brechen und ihn zu mahlen, damit man ihn weiterverarbeiten kann. Die größten Mengen dieses reichhaltigen Düngers lagern sich an den höchsten Punkten der Insel ab, die Ernte ist aufwendig und dauert einige Wochen. Danach bleibt auf den Inseln jeweils ein Vorsteher zurück, der dort lebt und die Millionen Seevögel schützt.

Guillermo Sanchez Aranibar war für die kleine Inselgruppe Guañape zuständig. Diese Inseln, etwa zwanzig Kilometer vom Festland entfernt, waren ein kleines Paradies. Das klare blaue Wasser, das die Inseln umgab, war ein Fenster zur pulsierenden Welt des Meereslebens – schillernd bunte Fischschwärme schwammen zwischen Korallen. Die ruhige, glatte Meeresoberfläche wurde nur gelegentlich vom Sprung eines Delfins durchbrochen, der in der Herrlichkeit des Lebens seine Possen trieb.

Ungeachtet all ihrer Schönheit waren die Inseln ein einsamer Ort. Doch Guillermo liebte ihn. Er war zweimal verheiratet gewesen und hatte die Erfahrung gemacht, dass das Leben auf einer abgelegenen Insel nichts für ein Ehepaar ist, wohl aber für ihn selbst. Nach ein paar Ehejahren waren ihm die Frauen davongelaufen, sobald die Pracht der Inseln ihre Anziehungskraft verloren hatte und sie müde und gelangweilt waren von der Eintönigkeit und Abgeschiedenheit, die der Hüter einer Guano-

Insel ertragen musste. Also hatte sich Guillermo, der schon in den Fünfzigern war, in sein Schicksal gefügt. Er wollte den Rest seines Lebens allein verbringen und das tun, was er gut konnte.

Zufällig traf er bei einer der seltenen Fahrten zum Festland, wo er Vorräte für sein abgeschiedenes Leben besorgte, ein junges Mädchen, das gerade erst mit der Familie aus den Bergen an die Küste gezogen war. Doch es war nicht irgendein Mädchen – es war Isolina León de Guerra, eine schöne junge Frau mit wallendem rotbraunen Haar, das sanft auf ihre Schultern fiel und ihr herzliches Lächeln und das strahlende Funkeln in ihren Augen einrahmte. Dieses Strahlen zeugte von einer solchen Vitalität, dass es Guillermo in seinen Bann zog und nie wieder losließ. Isolina sah in Guillermo dasselbe. Sie verliebten sich auf der Stelle ineinander.

Auf dem Festland gab es jedoch Regeln, und die Eltern der siebzehnjährigen Isolina erlaubten ihrer Tochter nicht, einen älteren, zweimal geschiedenen Fischer zu heiraten. Verliebt bis über beide Ohren taten Guillermo und Isolina schließlich das Einzige, was ihnen übrigblieb: In einer mondlosen, dunklen Nacht, die nur von glitzernden Sternen gesprenkelt war, schlichen sie sich auf Guillermos Boot, machten es leise vom Kai los und ließen sich langsam zurück zu Guillermos Insel treiben. Nur dort konnten sie frei von den gesellschaftlichen Regeln leben und sich ihrer gegenseitigen Liebe hingeben, deren Zeugen lediglich der ein oder andere Seelöwe, die fröhlichen Delfine, ein paar Humboldt-Pinguine und die unzähligen Seevögel waren, die die kleinen Islas Guañape bewohnten.

Ein Geschenk der Liebe

Von Geschichte und Politik fast vergessen, waren die Guano-Inseln während des Zweiten Weltkrieges durch ihre Abgeschiedenheit ein sicherer Ort. Guillermo und Isolina konnten ihre Liebe leben, ohne gestört oder verurteilt zu werden. Isolinas Familie hatte die Suche nach ihrer Tochter aufgegeben, alle dachten, sie sei mit dem alten Fischer außer Landes gegangen.

Das Paar lebte auf der Südinsel in einer kleinen Hütte nur wenige Meter von der Küste entfernt. Sie erfreuten sich an den beeindruckenden Sonnenuntergängen, die jeden Tag anders waren. Guillermo brachte Isolina bei, was er über die wundervollen Vögel der Insel wusste, über die Inkaseeschwalben, die Guanokormorane, Pelikane und Möwen. Sie lernte alles über deren Wander- und Paarungsverhalten und kümmerte sich um die Jungen, während Guillermo seine geliebten Vögel und deren Eier vor Raubtieren wie dem Andenkondor schützte, dem größten Greifvogel der Welt.

Mit seinen drei Metern Flügelspannweite könnte er, auf der Suche nach Nestern, in Windeseile von den Gipfeln des erhabenen Festlandsgebirges zu den Guano-Inseln herabgleiten.

Und dann bauten auch Guillermo und Isolina ein Nest. Ihre Liebe war stark, und ihre Leidenschaft wurde von den Vögeln wohlwollend beobachtet und nie verurteilt. Es gab kein Gerede, kein unschönes Getuschel. Es gab nur Liebe, abgeschirmt von der Kleingeistigkeit eines Festlandes, das unfähig war, Liebe um der Liebe willen zu schätzen.

Im zweiten Jahr auf der Insel gebar Isolina einen gesunden Jungen. Sie war nun neunzehn und noch immer eine anmutige junge Frau, unschuldig, verliebt. Nun war sie Mutter geworden und sehr stolz darauf. Sie nannte ihren Erstgeborenen Antonio.

Antonio kam an einem Ort zur Welt, an dem es keine Regeln gab und an dem man noch nie von Landesgrenzen gehört hatte. Er wurde in eine Welt hineingeboren, in der alles möglich war, weil alles entdeckt oder erfunden werden konnte. Doch vor allem kam Antonio an einem Ort zur Welt, an dem es keine Lügen gab, keinen Klatsch und Tratsch und kein menschengemachtes Richtig oder Falsch.

Vögel der Weisheit

Eines Morgens, einige Jahre später, kletterte Antonio über Felsen und zwischen Bäumen hinauf auf den höchsten Punkt der Insel. Es war die Stunde, da die Vögel ihren täglichen Flug auf der Suche nach Futter in den kalten Meeresströmungen unternahmen.

Sie flatterten im Schwarm auf, bildeten eine dunkle Wolke am Himmel und das Schlagen von Millionen Flügeln rauschte in Antonios Ohren. Zusammen flogen sie nach Westen, und Antonio sah ihnen vom Gipfel der Insel hinterher, bis der letzte Vogel nur noch ein Pünktchen am Horizont war.

Der Junge war hingerissen von diesem wunderbaren Naturschauspiel. Als er sich wieder an den Abstieg machte, sah er zu seinem Erstaunen seinen Vater auf einem Felsen sitzen, den Rücken an einen flachen Felsvorsprung gelehnt, den rechten Fuß auf einen Stein gestützt. Guillermo saß genau dort, wo die Vögel gesessen hatten, und wirkte, mit der Pfeife in der rechten Hand und dem Kinn in der linken, hochzufrieden, obwohl alles um ihn herum mit Exkrementen überzogen war. Auch er sah den Vögeln nach, und erst als sein Sohn auf ihn zukam, wandte er den Blick ab und lächelte.

»Richte dir dein Leben so einfach und klar ein, wie es dieser Tag ist«, sagte er zu Antonio. »Hab Ehrfurcht vor den Wundern der Natur, vor den Sonnenaufgängen und vor den Lebewesen. Hab Ehrfurcht vor den Seevögeln, die auf der Suche nach Nahrung in den Tiefen des Ozeans diese Insel verlassen müssen. Sie fliegen im Schwarm, suchen gemeinsam Futter, und wenn sie genug gefressen haben, kehren sie zusammen auf die Insel zurück, wo sie hingehören. Im Sommer wachen sie über ihre Jungen, sie putzen ihr Gefieder und passen aufeinander auf. Sie schwatzen nicht über andere Vögel, sie lästern nicht darüber, ob einer seinem Partner treu war oder nicht. Sie verurteilen andere Vögel aus dem Schwarm nicht, weil sie zu dick oder zu dünn sind. Sie beneiden andere nicht, weil sie schöner sind, und quälen andere nicht, weil sie hässlich sind. Sie denken nicht an morgen – sie leben heute, im Hier und Jetzt! Alles ist ganz einfach bei ihnen. Ja, so ist das.«

»Doch drüben auf dem Festland«, fuhr Guillermo nach einer kurzen Pause fort, »scheinen manche Menschen keinen Sinn in ihrem Leben zu haben, ja, manche haben nicht einmal ein eigenes Leben. Sie beneiden ständig nur die anderen, tratschen über ihre Nachbarn und kritisieren Dinge, die sie nicht kennen oder nicht begreifen. Sie bekämpfen sich gegenseitig und wetteifern miteinander, um sich von anderen abzuheben.«

Er nahm seinen Sohn in den Arm.

»Leider wirst du das früher oder später selbst feststellen müssen, denn ich kann dich nicht ewig hier auf der Insel festhalten. Eines Tages musst auch du auf das Festland. Aber so ist das Leben nun einmal.«

Antonio war damals fast sechs Jahre alt, und obwohl er nicht lesen und nicht schreiben konnte hatte er gelernt, den Worten seines Vaters Aufmerksamkeit zu schenken, so wie er auch gelernt hatte, die Sprache der Vögel zu verstehen. Er wusste, wie ein Humboldt-Pinguin schrie, wenn er nachts seine Jungen nicht mehr finden konnte, er wusste, dass die Seelöwen und Delfine im Sommer zur Insel kamen und Futter suchten, und im Winter beobachtete er die riesigen Buckelwale, die, an der Insel vorbei, nach Norden in wärmere Gewässer zogen. Und so hörte er seinem Vater aufmerksam zu und nickte nachdenklich.

Ja, Antonio hatte nie eine Gelegenheit gehabt, seinen Verstand mit Vorurteilen, Neid oder Hass zu vergiften. Er hatte gelernt, sich an der Welt zu erfreuen, so wie sie war, ohne an ihr zu zweifeln, ohne sie zu hinterfragen. Indem er alles in seiner

Umgebung aufmerksam beobachtete, hatte er eine Welt erschaffen, die nicht mehr und nicht weniger war als die vollständige Wahrheit.

Er war zwar traurig, wenn ein Greifvogel eine Taube aus einem Nest holte, aber er nahm es hin, denn der Raubvogel meinte es nicht böse, er war nichts weiter als ein hungriges Tier, das zu überleben versuchte.

Antonio wusste, dass die Wahrheit vor ihm lag: nackt, rein und einzigartig. Er respektierte sie und nahm sie mit Freuden an.

Er erinnerte sich an das, was sein Vater ihm einmal gesagt hatte:

Träume sind wie Federn.

Wenn du in deinem Leben genügend Federn sammelst, wirst du eines Tages fliegen, hin zu deinen Träumen, hin zu deinem Schicksal.

Sammle alle Federn auf, die du siehst, denn Federn kommen vom Himmel, und dahin solltest du aufbrechen.

Großwerden

Antonio wuchs zu einem kräftigen, gesunden Jungen heran. Er war nun sechs Jahre alt und wanderte den ganzen Tag über die Insel. An der Südküste fand er Oktopoden, Seesterne und Seeigel, die in ihrem Bemühen, sich vor der tosenden Brandung zu schützen, an den Felsen klebten. Er konnte Stunden damit zubringen, diese Geschöpfe zu beobachten, und war begeistert von ihrer Fähigkeit, sich ihrer Umgebung perfekt anzupassen. Die Krabben hatten keine Angst vor Antonio, sie wurden Freunde. Er durfte sich ihnen nähern, und sie huschten auf seine Handflächen, manchmal auch auf seine Schultern. Sanft schnippten sie mit ihren Scheren Schmutz und Staub von seiner Haut oder fraßen den Vogeldung, der mitunter an Antonios Füßen klebte. Antonio musste dann immer lachen, denn die tappenden kleinen Beinchen kitzelten ihn.

Der Unterschied zwischen Antonio und den Kindern in anderen Teilen der Welt war der, dass er frei war. Er konnte über die gesamte Insel streifen, und in seinem kleinen Vokabular existierten Begriffe wie *Angst*, *Ausgrenzung*, *Gefahr* nicht.

Sein Vater fischte den Tag über, beschützte die Guano-Vögel oder fuhr aufs Festland, um zu besorgen, was es auf der Insel nicht gab: Brennstoff, Kerzen, Gemüse, Reis und anderes tauschte er gegen den Fang des Tages, nachdem er für die Familie auf der Insel ein paar Fische beiseitegelegt hatte.

Isolina war nun fünfundzwanzig. Sie war zwar Mutter, in ihrem Herzen aber noch immer ein verliebtes Mädchen. Sie hatte nie gelernt, wie man ein Kind aufzog. Doch die Natur ist weise, und das Stillen ihres Sohnes gelang ihr instinktiv, denn immer wenn ein Kind geboren wird, wird auch eine Mutter geboren.

Sie war in einem kleinen Bergdorf aufgewachsen, und der Umzug an die Küste und auf eine unbewohnte Insel in so jungen Jahren hatte ihr Leben rasch und dramatisch verändert. Sie hatte sich in einen Mann verliebt, der mehr als doppelt so alt war wie sie, und auf eine Insel flüchten müssen, weil ihre Familie diese Verbindung niemals zugelassen hätte.

Auf der Insel begegnete Isolina keinen anderen Eltern, die sich um ihre Kinder sorgten. Für sie war es ganz normal, dass sich ihr Sohn allein aufmachte, um die Schönheit der Insel zu erkunden.

Ihr Kind war Teil der Umgebung. Niemand hatte Isolina gesagt, dass Klippen eine Gefahr darstellten, dass Seeigel Schmerzen verursachten, dass ihr Sohn ertrinken könnte, wenn er ins Wasser fiel. Und weil Isolina diese Gefahren nicht sah, hatte sie auch keine Angst. Denn Angst ist eine Empfindung, die uns Menschen meist ohne Grund eingepflanzt wird, die wir uns von anderen Menschen abschauen, bis wir uns schließlich wie alle anderen fühlen.

Doch unsere Angst verleiht anderen Menschen Macht. Menschen, die nicht zögern, diese Macht gegen uns einzusetzen.

Naturgesetze

Eines Tages entschied Guillermo, seinen Sohn mit auf das Boot zu nehmen, mit dem er immer zum Fischen fuhr, wenn das Essen knapp wurde. Er fand, es sei nun an der Zeit, dass Antonio es verstand, wie man auf der Insel überlebte, denn Guillermo wusste, er würde nicht ewig für seine Familie sorgen können. Je früher Antonio lernte, selbstständig zu sein, desto besser.

Bevor sie ablegten, war Antonio sehr aufgeregt. Zum ersten Mal würde er auf dem Wasser sein. Das träge Hin- und Herschaukeln des Bootes trug nur zu seiner Aufregung bei, als sie die gelblichen Netze und die Haken verstauten. Endlich waren sie so weit. Antonio zog sich an den Bootswänden hinauf und setzte sich auf die dunklen Planken am Boden.

»Antonio«, sagte sein Vater, »sei vorsichtig im Heck. Es ist ein altes Boot, und die Planken können nicht allzu viel Gewicht tragen.«

Antonio ging schnell zum Bug, weg von den verfärbten, morschen Bodenplanken. Er drehte sich um und winkte Isolina zum Abschied, während sein Vater das Boot an der Flanke hielt und ins Wasser schob. In einer fließenden Bewegung schwang er sich an Bord und nahm die Ruder. Sie waren auf See.

Guillermo ruderte nach Westen, weg von der aufgehenden Sonne. Der Wind blies ihnen direkt ins Gesicht.

»Pass auf, Antonio!«, rief er.

Antonio war zu weit achtern gekommen und wurde von besonders starker Gischt getroffen. Sie lachten, als Antonio sich abtrocknete.

Sie mussten zehn Seemeilen fahren, bevor sie die Netze auswerfen konnten, doch die Mühe hatte sich gelohnt. Als sie die Netze wieder einholten, waren sie voll mit Dutzenden zappelnder Makrelen.

»Das sind viel zu viele Fische!«, rief Antonio seinem Vater zu. »Was sollen wir damit machen?«

»Stimmt«, sagte Guillermo. »Nimm die kleineren heraus und wirf sie vorsichtig wieder ins Wasser. Sie müssen noch leben und wachsen, und wir brauchen sie nicht.«

Antonio war glücklich. Es betrübte ihn zwar, dass so viele Fische getötet wurden, doch er begriff, dass sein Vater und er sich nur das nahmen, was sie wirklich brauchten, so wie er es bei den

Vögeln, den Delfinen und Seelöwen gesehen hatte. Tiere töteten nur so viel Beute, wie sie zum Überleben brauchten, den Rest ließen sie ziehen.

Antonio nahm die kleinen Fische, die sich im Netz verhakt hatten, behutsam heraus und ließ sie wieder ins Wasser gleiten. Schnell schwammen sie davon, und Antonio blickte ihnen nach, bis sie von der Meeresoberfläche verschwunden waren. Gleichzeitig nahm sein Vater die größeren Fische, erschlug sie, schnitt sie auf und nahm sie aus, damit sie frisch blieben, und er salzte sie ein, damit sie sich einige Wochen hielten.

Mit sechs Jahren also lernte Antonio, dass es eine natürliche Nahrungskette gibt und dass sie sinnvoll ist, auch wenn es manchmal grausam wirkt.

Die Weisheit des Universums und der Natur sorgt dafür, dass alle Geschöpfe auf Generationen hinaus gesund und glücklich sind.

Der Klang der Stille

Es geschah eines Nachmittags, als Antonio wieder ein paar Seemeilen von der Insel entfernt mit seinem Vater beim Fischen war. In diesen Breiten kann die starke Sonne den kalten Ozean so erhitzen, dass dichter Dunst entsteht – so dicht, dass Antonio seinen Vater kaum sehen konnte. Doch er sah den Blick des Vaters, der den Motor ausmachte und vorsichtig den Anker seines kleinen Bootes warf.

Anfangs war es Antonio ganz unheimlich zumute. Das Meer war spiegelglatt, denn es ging kein Lüftchen. Das Boot schaukelte auf den kleinen Kräuselwellen der Dünung. Alles war ganz ruhig, ganz still, das einzige Geräusch machte das Wasser, das leise an die Bootsflanken schwappte.

»Was ist das?«, fragte Antonio seinen Vater.

Guillermo lächelte, er wusste genau, was sein kleiner Sohn meinte. Vor vielen Jahren hatte er dieselbe wunderbare Erfahrung gemacht und war glücklich, sie mit seinem Sohn teilen zu können.

»Deine Frage bezieht sich auf eine der wichtigsten Erfahrungen, die du im Leben machen kannst.« Er sah seinen Sohn an und fragte: »Was hörst du?«

»Nichts«, sagte Antonio.

»Überleg noch mal!«

Und daraufhin antwortete Antonio – frei von allen Zwängen, die seinen Verstand mit der Angst vor dem Unbekannten hätten vergiften können – auf die natürlichste Weise der Welt:

»Ich höre den Klang der Stille!«

»Genau«, sagte Guillermo. »Vor langer Zeit hatte man mir gesagt, die Stille habe keinen Klang, man könne das nicht erklären, es sei eben einfach Stille. Doch im Laufe der Jahre auf meiner abgeschiedenen Insel habe ich die Erfahrung gemacht, dass es die Stille sehr wohl gibt und sie ihren ganz eigenen Klang und Rhythmus hat, wenn man die Augen schließt und sich dem Fluss des Universums hingibt. Es ist eine Musik, die die Natur spielt, nicht die Menschen. In der wahren Stille kannst du die Antworten finden, die der Kosmos dir gibt, sofern du bereit bist, dich der Einsamkeit hinzugeben. Vergiss nie, dass die Stille, die du nun hörst, schwer zu finden und noch schwerer zu verstehen ist.«

»Ich verstehe«, sagte Antonio.

»Sehr schön«, sagte sein Vater. »Ich kann dir garantieren – und dies ist mein Versprechen an dich –, dass du, wenn du dich an diese Stille erinnerst, die du gerade erlebst, und sie wieder heraufbeschwören kannst, wenn du sie brauchst, immer die Musik des Universums hören wirst. Eine Musik, die Gott oder die Natur komponiert hat und die dir die Antworten auf die Geheimnisse deines Lebens gibt, egal wo du sein magst – mitten auf dem Meer, umgeben von den Vögeln, die du so liebst, oder inmitten der Menschenmassen, unter denen du eines Tages leben musst. Vergiss das nicht.«

»Ich werde es nicht vergessen, Vater«, sagte Antonio. »Ich verspreche dir, dass ich mich immer daran erinnern werde.«

Die Entscheidung

Schließlich wurde Antonio sieben Jahre alt.

Schon immer war seinen Eltern klar gewesen, dass der Tag kommen würde, an dem ihr Sohn lernen musste, dass es auf der Welt mehr gab, als diesen zauberhaften Ort, an dem er sein bisheriges Leben verbracht hatte. Antonio war ein Mensch, und die Eltern wussten tief in ihrem Inneren, dass die Zeit nun gekommen war, da er von ihnen gehen und zusammen mit anderen Menschen leben musste. Er musste die verlorenen Seelen, die sinnlos umherrannten, Leute, die ein Leben mit Grund, aber ohne Sinn führten, kennenlernen. Guillermo und Isolina war klar, dass diese Entscheidung, Antonio fortzuschicken, ihren Sohn tief beeinflussen würde. Aber sie waren der Meinung, dass sie nicht das Recht hatten, an seiner Stelle zu wählen, was das Beste für ihn sei. Natürlich hatten sie ihn bisher vor der Außenwelt beschützen können, vor Hass, vor Neid, vor dem Bösen. Doch Antonio sollte mit den Jahren selbst entscheiden können, was er mit seinem Leben anfangen wollte, sodass die Eltern es als ihre Pflicht empfanden, ihm nur zu zeigen, was es außerhalb der kleinen Inselwelt namens Guañape gab.

Sie liebten ihren Sohn von ganzem Herzen, ihre Liebe war so stark, dass sie ihn gehen lassen mussten. Er sollte die ganze Welt mit eigenen Augen sehen, seine eigenen Fehler machen, straucheln und lernen, wieder aufzustehen, und sowohl das Gute wie auch das Böse in der Welt kennenlernen. Erst dann würde Antonio entscheiden können, was er aus seinem Leben machen wollte. Die Eltern liebten ihren Sohn, aber sie wussten, dass er ihnen nicht gehörte. Und so wie sie selbst einmal beschlossen hatten, weit weg von allem auf ihrer geliebten Insel zu leben, so hatte auch Antonio das Recht, für sich selbst zu entscheiden.

Eines Abends rief Guillermo seinen Sohn in das kleine Holzhäuschen. Nur zwei Kerzen erhellten die samtschwarze Nacht, eine stand auf dem Fenstersims neben der Tür, die andere auf einem klapprigen Holztisch. Die Schatten tanzten und flackerten im Kerzenschein, der den kleinen Raum erleuchtete, wo Vater und Mutter mit dem Sohn zusammensaßen.

»Mein Sohn.«

»Ja, Vater.«

»Du bist nun in einem Alter, in dem wir dir

zeigen müssen, was jenseits dieser Insel existiert. Wir wissen, dass du sie liebst und gern in Ruhe und Frieden lebst, aber da draußen gibt es eine große, weite Welt voller Menschen, voller guter und schlechter Menschen. Wir haben nicht das Recht, dich von dieser Welt fernzuhalten. Damit du selbst entscheiden kannst, welches Leben du führen willst, musst du diese Umgebung kennenlernen, eine Umgebung, die nicht von Naturgesetzen regiert wird wie unsere kleine Insel, sondern von gesellschaftlichen Regeln, von Geld, Macht und anderen Dingen, die du selbst erleben musst.«

»Warum?«, fragte Antonio. »Ich bin glücklich hier auf unserer Insel mit euch beiden. Ich liebe die Vögel, die Delfine, die Wale. Sie sind meine Freunde. Warum muss ich fortgehen?«

»Du darfst nicht vergessen, dass wir nicht ewig bei dir sein können, irgendwann musst du auf eigenen Beinen stehen. Wir dürfen dich nicht hier festhalten. Du musst die andere Welt kennenlernen. Erst dann kannst du entscheiden, wie du selbst gern leben möchtest.«

»In drei Tagen gehe ich aufs Festland«, fuhr der Vater fort. »Denk über das nach, was wir besprochen haben. Du wirst dort lesen und schreiben lernen und viele Dinge über die Welt erfahren, du wirst umgeben sein von anderen Menschen. Das kann so schmerzhaft wie auch schön sein. Und je mehr du über die Welt weißt, desto mehr Möglichkeiten stehen dir für deinen Lebensweg offen. Wir wollen dich nicht drängen, wir finden einfach nur, dass du es für dein eigenes Wohl tun solltest.«

Antonios Vater sah die Mutter an – Tränen rannen ihr über die Wangen.

»In drei Tagen«, sagte der Vater. »Geh nun in dich – lausche dem Klang der Stille, den du zu hören gelernt hast. Und wenn du eine Entscheidung getroffen hast, lass es mich wissen.«

In dieser Nacht saß Antonio auf einer steilen Klippe nahe dem Gipfel der Insel, er ließ die Beine baumeln, während er auf den majestätischen Ozean blickte. Der Vollmond stand am Firmament, das Meer schimmerte golden. Neben ihm hatten sich die Guanotölpel, die er so liebte, in ihren kleinen Felsnischen schlafen gelegt.

Ja, er wusste, dass er an dieser Insel und den Wesen, die hier lebten, hing, die er bewunderte und sein Leben lang lieben gelernt hatte. Doch tief in seinem Herzen wusste er, dass er die Wahrheit über andere Welten, andere Lebensweisen selbst erfahren müsste. Erst dann könnte er entscheiden, was er tun, wo er leben und welchem Weg er folgen wollte.

In jener Nacht also, allein bis auf seine geliebten Tiere und umgeben vom Klang der Stille, den nur diejenigen hören können, die gelernt haben, der Natur zu lauschen, beschloss Antonio, den Sprung ins Unbekannte, weit weg von der Geborgenheit seiner Insel, zu wagen. Für wie lange? Das wusste er nicht. Aber er wusste, dass seine Eltern ihn liebten, und für die Freiheit, die sie ihm gelassen hatten, um sein eigenes Schicksal zu wählen, würde er ihnen immer dankbar sein.

In den nächsten beiden Tagen wollte er all seine Lieblingsstellen auf der Insel noch einmal besuchen, wollte sie in Geist und Herz aufnehmen und mitnehmen an diesen Ort, an dem, wie es hieß, Tausende und Abertausende Menschen zusammenlebten.

Die Reise

Die drei Tage und drei Nächte kamen und gingen so schnell wie eine leichte Meeresbrise.

Antonio war bereit. Er hatte seinen Eltern bereits seinen Entschluss mitgeteilt. In einen kleinen Segeltuchrucksack packte er ein Paar schwarze Schuhe, seine drei Hemden und zwei Hosen. Doch dann zögerte er, er zog ein Hemd wieder heraus und wickelte damit behutsam die beiden Muscheln ein, die er immer als seine größten Schätze gehütet hatte. Er hatte Angst vor der Entscheidung, die er getroffen hatte – denn die Angst vor dem Unbekannten lähmt mitunter den Willen eines Menschen, sogar eines Jungen, der die Angst nicht kennt. Doch in seinem Herzen war ihm klar, dass er es tun musste, sei es zum Guten oder zum Schlechten. Um entscheiden zu können, was er im Leben wollte, müsste er eine Wahl haben.

Er wusste noch nicht, dass er, der in seiner Kindheit viele schöne Erinnerungen gesammelt hatte, zum Glück für immer in Sicherheit war.

Schon am späten Nachmittag hatte sein Vater das Boot für die Fahrt zum Festland bereit gemacht. Auch seine Mutter war an Bord, sie sah den kleinen Antonio an, der noch immer zögerte, das Boot zu besteigen.

»Komm, Antonio«, sagte sein Vater, »es ist Zeit.«

Antonio warf noch einen letzten Blick auf den einsamen Berg der Insel, der den Boden durchstach, als wolle er unbedingt den Himmel berühren, er warf einen letzten Blick auf die kleine Holzhütte. Die Guano-Vögel schwebten langsam zurück auf die Insel, sie kehrten nach einem langen Tag des Futtersuchens heim. Seelöwen und Delfine umschwammen das Boot, sie drehten sich und tanzten im Wasser. *Es ist ein weiterer Tag im Paradies*, dachte Antonio. Er sprang ins Boot und setzte sich neben seine Mutter. Isolina nahm ihn in den Arm und hielt ihn, als er anfing zu weinen.

Während sich das Boot von der Insel entfernte, sprachen sie kein Wort. Nur der Klang des Meeres war zu hören, der Klang der Stille, die Melodie, die Antonio kannte und die bald untergehen sollte im Trubel der Welt, die er kennenlernen würde.

Die Hängelampe am schwankenden Pier war das Erste, was Antonio vom Festland sah. Als sich das Boot näherte, wurde die vollständige Dunkelheit über dem Land erst von einem und dann von immer mehr Lichtern durchdrungen. Manche dieser Lichter bewegten sich in der Ferne, sie verschwanden und tauchten wieder auf und wanderten weiter nach rechts oder links. Antonio hatte noch nie etwas von einem Auto gehört, für ihn war es ein neuartiges Lichterfest voller Verheißungen für die Zukunft.

Antonios Vater drosselte den Motor, als sie den Pier erreichten. Mit einem leisen Knall schlugen sie an die Planken und Guillermo sprang aus dem Boot und machte es mit dem Tau an einem kleinen Poller aus Holz fest. Danach gingen Isolina und Antonio langsam von Bord, und Guillermo half ihnen mit fester Hand.

»Wir müssen einen Kilometer bis zur Straße laufen«, sagte Antonios Vater. »Lasst uns zusammenbleiben, ich kenne einen kleinen Pfad durch die Dünen.«

Also machten sie sich auf den Weg. Ein Vorhang aus Dunst hing über ihnen und befeuchtete die Wüste, und bei jedem Schritt klebte ihnen der Sand an den Füßen. Durch ein schmales Tal zwischen zwei hohen Dünen gingen sie auf die sich stetig bewegenden Lichter zu. Als sie näher kamen, wurde die Stille der Nacht von einem Brummen gestört, das sich anhörte wie der Bootsmotor des Vaters – nur um ein Vielfaches lauter. *Werden diese tanzenden Lichter etwa von einem solchen Motor angetrieben?*, fragte sich Antonio.

Nach fast fünfzehn Minuten Marsch fiel Antonio

auf, dass eine dunkle Bahn die Wüste durchschnitt. Als sie dort angelangt waren, sagte Guillermo zu seinem Sohn:

»Das nennt man eine Straße, Antonio. Hier nehmen wir den Bus in die Stadt.«

Antonio staunte – der Belag dieser »Straße« war hart wie Stein und glatter als das Meer an einem windstillen Tag!

Einige Zeit später kamen zwei sich parallel bewegende Lichter auf sie zu. Guillermo winkte, doch die Lichter bewegten sich schnell weiter. Kurz entschlossen tat es Antonio seinem Vater gleich, winkte ebenfalls, lief dabei aber mitten auf die Straße. Unvermittelt stießen die Lichter ein dröhnendes, zorniges Gebrüll aus. Antonio erschrak entsetzlich, und später erinnerte er sich nur noch, dass sein Vater ihn von dem schwarzen Streifen riss, bevor die gleißenden Lichter zu einem Halt kamen.

Dies war das erste Mal, dass Antonio einen Bus sah. Einen Bus, der ihn fast getötet hätte – eine von vielen schockierenden Erfahrungen, die er in der Welt der Menschen noch sammeln würde.

Zweiter Teil

Die Betoninsel

Die Fahrt in die große Stadt dauerte sechs Stunden.

Antonios Eltern schliefen die Nacht durch, er selbst konnte kein Auge zutun, er war zu aufgeregt. Er saß am Fenster und blickte durch die Scheibe in die vorbeiflitzende Wüste. Diese Welt war sogar noch fremdartiger, als er erwartet hatte – die Menschen fuhren in seltsamen Gefährten herum und schienen es sehr eilig zu haben, an ihr Ziel zu kommen. Jeder Lichtstrahl zog Antonio in seinen Bann, bis er vorübergeglitten war. Scheinbar gab es hier in dieser Welt keinen Raum, um innezuhalten und die große Schönheit der mondbeschienenen Wüste zu genießen.

Auf seiner kleinen Insel war Antonio über Pfade gewandert, die nur durch seine eigenen Schritte entstanden waren. Er hatte überallhin gehen können – zu den nistenden Vögeln auf dem Berggipfel, zu den Seelöwen, die im Wasser spielten, auch zu seiner Lieblingsstelle ganz oben auf der Insel, wo er der Sonne beim Auf- und Untergehen zugesehen hatte. Nun war Antonios Welt nicht mehr einfach, ruhig und besinnlich. Das Rattern und Knattern der Maschinen, die sich über die asphaltierte Straße bewegten, war sehr viel lauter als das Tuckern des Bootsmotors seines Vaters, und selbst das hatte er nie gemocht. Was würde er sonst noch in der Welt entdecken, auf die er sich zubewegte?

Die samtene Schwärze der Nacht verwandelte sich in ein Dunkelrot, das immer heller und heller wurde. Der Tag brach an, und in diesem Moment erblickte Antonio etwas, das ihn aufspringen ließ: In der Ferne standen zahllose Gebäude, die viel, viel größer waren als die Hütte auf Guañape, und in ihren Fensterscheiben spiegelte sich das strahlende Orangerot der aufgehenden Sonne. Instinktiv verstand Antonio, dass die Bauten ihre Bewohner vor der Natur schützten, doch dass der Preis für diesen Schutz hoch war. Denn dieser krasse Kontrast zur Schönheit der Natur bedeutete, dass die Menschen ganz eindeutig den Kontakt zur Natur aufgegeben hatten.

Nach dieser langen Fahrt durch die schmucklose Wüste, in der es nichts gab als Sand und den sich dahinschlängelnden, gepflasterten Weg, näherte sich der Bus nun dem Ort, von dem Antonios Vater erzählt hatte, und an dem unzählige Menschen zusammenlebten. Die Reise würde bald ein Ende haben.

Während der Bus in die Stadt hineinfuhr, reckte Antonio den Hals und starrte ungläubig diese großen Gebäude an. Stein und Glas ragten über ihm auf, und er verstand nicht, was sie aufrecht hielt. Auf seiner Insel waren nur die Wale größer als sein kleines Haus. Doch das hier war etwas ganz anderes. *Wie ist es möglich, dass diese gigantischen Betonblöcke durch Menschenhand entstanden sind?*, fragte sich Antonio.

Antonios Vater wachte auf. Er rieb sich die Augen, streckte sich kurz und nahm dann Antonios Hand.

»Wir sind fast angekommen«, sagte er. »Keine Sorge – ich weiß, dass dir alles anders und neu vorkommt. Aber deine Mutter und ich werden dafür sorgen, dass du dich an diesen Ort gewöhnst und ihn verstehst.«

Antonio lächelte. Nachdem sein Vater – und nun auch seine Mutter – wach war, fühlte er sich schon sicherer. Als Isolina die Augen aufschlug, lächelte sie ihren Sohn sogleich an.

Mit der Zeit würde Antonio lernen, dass er seinen innersten Gefühlen treu bleiben musste, wenn er auf dieser Betoninsel überleben wollte, wenn er die schwierigen Erfahrungen aushalten wollte, die er machen musste, um Teil dieser neuen Welt zu werden und dennoch die grundlegende

Schönheit der Natur nicht zu vergessen, in der er groß geworden war. Antonio wusste es zwar noch nicht, aber seine Nähe zur Natur würde seine stärkste Waffe sein, um seine Seele zu schützen.

Verwandtschaft

An der Bushaltestelle warteten Verwandte auf Antonio und seine Eltern und hießen sie willkommen.

Die Zeiten hatten sich geändert, seit seine Eltern nach Guañape geflohen waren, um ihre Liebe ohne Vorurteile zu leben. Die meisten Angehörigen von Guillermo und Isolina hatten mittlerweile die Entscheidung akzeptiert, die die beiden vor vielen Jahren getroffen hatten, denn ungeachtet aller Vorurteile und Missbilligung war ihre Liebe erblüht. Vor allem Antonio war der lebende Beweis dieser Liebe, und nun freuten sich alle Verwandten darauf, das jüngste Familienmitglied kennenzulernen.

Sie brachten die kleine Familie zu einem zweistöckigen Haus in einem Außenbezirk der Stadt. Antonio staunte immer noch, er klebte mit der Nase am Wagenfenster und sah so viele Dinge, die ganz neu für ihn waren. Menschenmassen hasteten von hier nach da, an jeder Ecke, auf allen Wegen wimmelte es von ihnen – und dieses große Gewusel erinnerte Antonio an die Ameisenhaufen, die er auf der Insel oft beobachtet hatte. So viele Menschen! Ein jeder war in Eile, hastete zu einem unbekannten Ziel. Auf der Insel konnte Antonio die Tageszeit allein am Stand der Sonne bestimmen oder wenn er die Guano-Vögel zu ihren Nestern zurückkehren sah. Hier aber schien alles anders zu sein. Antonio fand die Motorengeräusche und das Geplapper der Leute auf der Straße ohrenbetäubend; manche Menschen machten wütende Gesichter, andere wirkten besorgt, nur die wenigsten zeigten ein unbefangenes Lächeln.

Schließlich hielt der Wagen. Antonio stieg aus und ging ins Haus. Er erschrak – alles war so sauber! Keine Erde, kein Sand, kein Vogeldung, kein Geruch nach Vogelexkrementen. Der Boden bestand aus Holzdielen, die Wände waren alle gestrichen, und überall standen Gegenstände herum, die er nicht identifizieren konnte. Das Haus war riesig. Und er fragte sich: *Wie kann man ein Haus auf einem anderen bauen? Mit welchen Materialien? Und woher kommen die ganzen Menschen, die hier leben? Wozu brauchen sie all diese Gegenstände?*

So viele Fragen, so wenige Antworten …

Im ersten Stock sprachen Antonios Eltern mit

den Verwandten. Der Onkel sagte zu Antonios Vater:

»Dir ist klar, dass er zur Schule gehen muss, nicht wahr?«

»Ja«, antwortete Guillermo.

»Gut«, sagte der Onkel. »Wir haben ihn schon auf einer Jungenschule hier in der Nähe angemeldet. So kann er sich an den Tagesablauf in der Stadt gewöhnen, ohne sich zu weit von zu Hause zu entfernen. Kann er lesen und schreiben?«

»Ein bisschen«, sagte Isolina. »Ich habe ein paar Schulbücher mit auf die Insel genommen, auch Stifte und Papier. Ich glaube nicht, dass es ihm schwerfallen wird, mit den anderen Kindern Schritt zu halten. Er lernt schnell.«

»Bestens«, sagte der Onkel. »Dann ist das also abgemacht, wenn ihr einverstanden seid.« Er blickte Antonios Eltern an. »Wir kümmern uns um alles. Antonio kann nächste Woche anfangen. So hat er noch Zeit, sich in die neue Umgebung und in dieses neue Leben einzugewöhnen. Ihr wisst, dass er eine Chance im Leben haben sollte, und ich denke, er wird es nur schaffen, wenn er eine Ausbildung bekommt, damit er in die Welt hinausgehen und sich mit anderen messen kann.«

Und so war Antonios Zukunft für die nächsten zehn Jahre entschieden. Er war nun in eine Welt und in eine Gesellschaft eingetreten, in der die Erwachsenen bestimmen, wo es langgeht. Eine

Gesellschaft, die auf Regeln und Gesetze baute und nicht auf die schönen Grundsätze, die Antonio mit seiner stillen Wertschätzung der Natur verinnerlicht hatte.

Guillermos Gedicht

Nach und nach entdeckte Antonio immer mehr Dinge, die ihn in großes Staunen versetzten. Zum Beispiel das Radio – in der Geborgenheit seines neuen Heims konnte er Menschen hören, die Tausende Kilometer entfernt waren. Oder ein Wasserklosett – er musste nur auf den Spülknopf drücken, und schon war alles verschwunden. Aus einem Metallkasten im Wohnzimmer kam Musik! Und erst die Küche – da gab es einen Schrank, in dessem Inneren es kalt war, damit die Lebensmittel nicht verdarben.

Mit seiner Mutter war er auch außer Haus gegangen. Sie hatte ihm gezeigt, wo es eine Apotheke gab, damit er Arznei besorgen konnte, wenn er krank wurde. An öffentlichen Fernsprechern konnte er eine Münze in einen kleinen Metallschlitz stecken, eine Nummer wählen und das Haus seines Onkels erreichen. Isolina brachte ihm bei, dass man an einer roten Ampel stehen bleiben musste und erst weitergehen durfte, wenn das Licht grün wurde. Es gab so viele Autos und Busse! Wieso benutzten die Menschen sie so oft, wo es doch solche Freude machte, an einem schönen Tag zu Fuß zu gehen?

Ja, Antonio lernte schnell. Doch je mehr er lernte, desto verwirrter war er. Was war der Sinn hinter den Dingen, die produziert und gebaut wurden? Machte all dies das Leben nicht nur komplizierter?

Er nahm einen kleinen, abgegriffenen Zettel, auf den sein Vater vor langer Zeit etwas geschrieben hatte und den er auf dessen Wunsch hin immer bei sich trug.

Es handelte sich um ein kleines Gedicht, das Guillermo auf der fernen Insel in einem dieser Momente geschrieben hatte, als ihm der Klang der Stille Wörter zuflüsterte. Die Gedanken waren ihm frei in die Feder geflossen. Auf der Insel ergaben die Worte keinen Sinn, aber Guillermo hatte geahnt, dass sie eines Tages seinen Sohn vor der neuen Welt schützen könnten, wenn es für ihn an der Zeit war, sie kennenzulernen.

Auf meiner kleinen Insel habe ich Schätze gefunden.
Ich werde sie mein Leben lang in mir tragen, jedoch niemals von der Insel entfernen. Denn dort gehören sie hin.
Ehrfurcht vor dem Vollmond – versuche aber

nie, ihn zu Dir herunterzuholen. Sein Platz ist am Himmel.

Die wärmende Sonne – doch vergiss nie: Sie gehört Dir nicht. Sie gehört allen Geschöpfen, ob groß oder klein.

Mit den Sternen träumen – lass sie nachts am Firmament leuchten. Dort ist ihre Heimat.

Versuche nie, den Wind anzuhalten oder ihm aus dem Weg zu gehen. Er wird Dir immer die Wahrheit in die Seele flüstern.

Öffne alle Fenster und Türen, die vor Dir verschlossen sind, so kannst Du Dir immer deinen Lebensmut bewahren. Ohne Lebensmut gelangst Du nirgendwohin.

Doch vor allem vertraue auf Dich selbst, sei Dir immer treu.

Das Leben eines anderen zu führen verdammt Dich dazu, dein eigenes Leben auszulöschen.

Antonio konnte noch nicht so gut lesen, und es dauerte eine Weile, bis er die Zeilen entziffert hatte. Er war erstaunt über die Worte seines Vaters. In dieser so anderen Umgebung wirkten sie fehl am Platz. Doch Antonio hatte das Gefühl, dass er irgendwann einmal feststellen würde, dass hier auf der Insel aus Beton und hohen Mauern alles anders ist. Und so gab er sich selbst ein Versprechen: Egal, was passierte, egal, was die Zukunft ihm bringen mochte, er würde immer dem Klang der

Stille lauschen, der Musik der Natur, und er würde immer den Zettel mit sich tragen, auf dem sein Vater vor langer Zeit seine Seele offenbart hatte und der ihm helfen würde herauszufinden, wer er war und was er vom Leben erwartete.

Montagmorgen

Der erste Schultag kam und ging, und Antonio bemühte sich gewissenhaft, seinen Mitschülern nachzueifern. Er zog die gleichen Hosen und Hemden an wie die anderen Jungen und versuchte, seinen Lehrern zu folgen, denn er musste ja viel mehr lernen als die anderen. Die Mutter hatte ihm Lesen und Schreiben in Grundzügen beigebracht, doch er hatte sich damals nicht besonders dafür interessiert, denn Antonios Herz gehörte der Natur, die Natur auf seiner Insel verzauberte ihn.

Wenn er nach der Schule heimkam, machte er seine Hausaufgaben und half der Familie bei der Hausarbeit. Danach sah man ihn oft stundenlang das Radio oder das Telefon inspizieren. Technik faszinierte ihn – nicht, weil er damit dies oder jenes tun konnte, sondern wegen der Funktionsweise. Er, ein Kind, das grundsätzlich gegenüber allem aufgeschlossen war, staunte über all diese Menschen, die ihren Träumen und Gedanken freien Lauf gelassen und Dinge erfunden hatten, die die meisten für unmöglich gehalten hatten.

Antonio schlief wenig, vielleicht fünf, sechs Stunden in der Nacht. Mehr brauchte er nicht. Schon als kleines Kind hatte er sich angewöhnt, wenig zu schlafen. Auf der Insel hatte Antonio nachts nie Angst haben müssen. Er war immer sofort eingeschlafen, sobald sein Kopf das Kissen berührte, und war erfrischt wieder aufgewacht, als hätte er zehn Stunden geschlafen. Voller Energie hatte er jede einzelne Minute des Tages ausgekostet.

Irgendwann konnte der Onkel sich die Frage nicht verkneifen:

»Wie kommt es, dass du an einem einzigen Tag so viel zustande bringst? Wie viele Stunden hat denn dein Tag?«

»Und deiner?«, fragte Antonio zurück.

»Na, vierundzwanzig Stunden.«

»Dann hast du ein Problem«, sagte der Junge. »Ich zähle nie die Stunden des Tages, sondern die Momente, in denen ich jeden Tag etwas anderes unternehmen kann.« Antonio lächelte. »Du siehst also, Onkel, das ist dein Problem und das der Welt, in der du lebst – nicht meines.« Er wandte sich an seine Tante: »Ist dir aufgefallen, dass montagmorgens jeder ein grimmiges Gesicht macht? Als müssten alle irgendwohin gehen, wo sie gar nicht hinwollen.«

»Klar«, sagte die Tante. »Am Wochenende erholt man sich, und die Woche über müssen die Leute arbeiten, um ihren Lebensunterhalt zu verdienen. Das ist so, ob sie wollen oder nicht. Weißt du, sie müssen Rechnungen bezahlen und so weiter.«

Antonio dachte nach. »Aber warum? Wenn sie ihre Arbeit nicht gern machen und wenn sie die Rechnungen, von denen du sprichst, nicht jedes Mal mit Freude bezahlen – warum tun sie es dann?«

»Oh, Antonio«, sagte der Onkel, »du musst noch viel lernen.«

»Natürlich«, gab Antonio zurück. »Ich hoffe nur, dass ich in dieser Welt, in der wir hier leben, eines nicht lernen muss, nämlich jeden Montagmorgen ein grimmiges Gesicht zu ziehen.«

Freundschaft

Gute Freunde sind wie die Sonne.
Du kannst sie nicht immer sehen,
Aber Du weißt, dass sie immer da
sind.

Antonio tat sich schwer, Freunde zu finden. Sein Verstand arbeitete ganz anders als der der Jungen, die auf der Insel aus Beton und Mauern aufgewachsen waren. Antonio glaubte an die Menschen, er vertraute ihnen. Immer wenn ein Gespräch darauf hinauslief, jemanden zu kritisieren, ging er weg. Klatsch und Tratsch verstand Antonio nicht. Warum sollte er Zeit mit Lästereien und Kritik an anderen verschwenden, wenn er doch mit seinem Leben schon ausreichend beschäftigt war? Seiner Meinung nach sollte man gar nichts sagen, wenn man über einen Menschen nichts Gutes zu sagen hatte. Doch wie überall gab es auch in dieser Großstadt liebe Seelen, und eine von ihnen war ein Junge mit Namen Ismael.

Als Antonio Ismael zum ersten Mal sah, beschützte dieser gerade einen fünfjährigen Jungen vor zwei sechsjährigen Raufbolden. Ismael, in Jeans mit Löchern an den Knien und einem zerrissenen T-Shirt, das eine Wäsche vertragen konnte, stellte sich den beiden älteren Kindern entgegen und forderte sie auf, den kleinen Jungen in Ruhe zu lassen. Sein zahnlückiges Lächeln – er hatte bereits seine beiden Schneidezähne verloren – verriet, dass er der Einzige in der Stadt war, der Antonios Lebensfreude teilte.

Ismael war der eine und wahre Freund, den Antonio in dieser Welt und auf seiner Schule fand. Ismael schikanierte oder verurteilte Antonio nie und akzeptierte ihn so, wie er war, während die anderen Mitschüler ihn einen »Spinner« nannten oder »den Irren von der Vogelinsel«.

Eines Tages traf Antonio seinen Freund auf einer Wippe, deren rote Farbe abblätterte. Ismael blickte aufs Meer und achtete nicht auf den trockenen Staub auf dem Spielplatz. Er schien selbst verwirrt vom Leben, und Antonio hoffte, dass sich sein Freund in etwa vorstellen konnte, wie es in Antonio, einen Jungen mit einer so seltsamen Kindheit, aussah, nachdem er mit einer Welt voller Menschen konfrontiert worden war.

»Hallo, Ismael.«

»Hi, Antonio.«

»Darf ich mich zu dir setzen?«

»Na klar, komm! Ein bisschen Gesellschaft tut mir immer gut.« Ismael sah zum Horizont, und auch Antonio blickte in die Ferne. »Darf ich fragen, was du denkst, Antonio?«

Antonio lächelte. »Sicher.«

Immer noch mit Blick in die Ferne, sagte er:

»Ich denke, in dieser Welt sollte ich doch den ganzen Tag lang Leuten mit einem Lächeln im Gesicht begegnen, Leuten, die ihr Leben wirklich mit Freuden leben. Denn ist das Leben nicht ein wundervolles Geschenk? Doch ich treffe und sehe stattdessen ständig Leute, die dem Leben ablehnend gegenüberstehen und andere Menschen mit ihrer negativen Einstellung anstecken. Damit meine ich natürlich nicht jene, die aus irgendwelchen Gründen gerade eine schwere Zeit durchmachen. Ihnen sollten wir aufmerksam und mit Respekt zuhören und helfen, darüber hinwegzukommen und weiterzuleben. Ihnen sollten all unser Mitgefühl und unsere guten Wünsche gelten. Ich meine die anderen, die das Leben immer schwarzsehen – alles ist falsch, alles ist kaputt und schlecht, immer sind andere an ihren Problemen schuld. Sie sind sogar in der Lage, die Sonne zu verdunkeln, damit sie ihr Elend rechtfertigen können. Warum suchen sie das Gute nicht, anstatt darauf zu warten? Warum sehen sie nicht, dass jedes Problem auch seine Lösung birgt? Warum belasten sie sich mit diesen dunklen Gedanken? Warum nicht einfach bescheiden sein und die Dinge akzeptieren, wie sie sind, wenn man sie nicht ändern kann? Könnten sie doch nur sehen, dass jeder Tag eine einzigartige Chance ist, glücklich zu sein! Dann würden sie merken, dass die einzigen Menschen, mit denen sie auf der ganzen, weiten Welt wetteifern müssen, allein sie selbst sind. Jeder sollte nach und nach seine Schwächen, seine Unzulänglichkeiten überwinden und versuchen, ein besserer Mensch zu werden. Das Meer hat mir gezeigt, dass ich nicht mit anderen, sondern nur mit mir selbst konkurrieren muss, damit ich meine kurze, kostbare Lebenszeit nicht vergeude. Und das gilt für alle Menschen. Für mich zählt nur, dass ich heute ein bisschen besser bin als gestern. Auch habe ich gelernt, dass mein inneres Licht nur dann von Bedeutung ist, wenn es das Leben anderer Menschen erhellt.«

»Warum, meinst du, sehen die meisten Leute immer traurig aus, und warum sind sie immer in Eile?«, fragte Ismael.

»Genau diese Frage stelle ich mir selbst die ganze Zeit. Vielleicht ist die Antwort darauf einfach, Ismael«, sagte Antonio. »Vielleicht sind sie Gefangene ihrer Lebensgeschichte. Alle glauben, dass es das Hauptziel im Leben sei, einem Plan zu folgen. Sie fragen sich nie, ob dieser Plan ihr eigener ist oder von anderen Menschen entworfen wurde. Sie sammeln Erfahrungen, Erinnerungen,

Dinge, Ideen von anderen, und das ist womöglich mehr, als sie verkraften können. Deswegen vergessen sie, wer sie sind. Und deshalb sind sie traurig und verloren.«

»Mir ergeht es manchmal genauso wie dir, Antonio«, sagte Ismael. »Es ist nicht leicht für mich, Freunde zu finden.«

Antonio lächelte. »Gut, dass ich dich gefunden habe, Ismael. Mit dir fällt mir vieles leichter, und ich habe jemanden, mit dem ich reden kann und der versteht, was ich sagen will. Kann sein, dass wir irgendwann in der Zukunft getrennte Wege gehen werden, aber ich weiß, dass unsere Freundschaft ewig halten wird. Vielleicht denken wir anders als der Großteil der Menschen, das heißt aber nicht, dass wir falschliegen.«

Ismael lächelte.

»Ich weiß«, sagte er, »ich weiß.«

Wiedersehen mit dem Meer

Antonio war ein guter Schüler. Vielleicht war er nicht der hellste Kopf in der Klasse, aber er lernte gut. Mit der Zeit hatte er sich daran gewöhnt, dass sich die meisten anderen Jungen über ihn lustig machten, denn seine frühen Jahre hatten ihn stark und friedvoll gemacht. Er wusste, dass er sich gegen seine Mitschüler wehren könnte, wenn sie ihn veräppelten – aber wozu? Um ihnen zu beweisen, dass er ihnen körperlich überlegen war? Das wusste er und das reichte ihm.

Dennoch schmerzte ihn, dass die anderen Kinder nicht verstehen konnten, wie er dachte. Doch er akzeptierte es. Denn wie so oft in diesen Fällen war Antonio, der in den Augen der ihn umgebenden Gesellschaft als schwach galt, nicht nur körperlich stärker, sondern er hatte echte Bescheidenheit erlangt, die einen Menschen auch seelisch stärker macht – man konnte seinen Körper und seinen Geist verletzen, nicht aber seine Seele.

Eines Tages beim Sportunterricht bat der Lehrer die Jungen in den Bus. Da die Stadt am Meer lag, hatte der Lehrer beschlossen, dass eine Schwimmstunde seinen Schülern guttun würde. Manche freuten sich, andere hatten Angst, aber sie waren alt genug, um im Meer und im kalten Wasser zu schwimmen. Also stiegen sie in den Bus, fuhren zehn Minuten hinaus aus der Insel aus Mauern und Beton und waren am Strand.

Es war früher Morgen. Nach dem Sturm vom Vortag war der Sand mit dunkelgrünen Algen überzogen – und Antonio war glücklich. Das glich schon mehr dem Leben, das er auf seiner Insel genossen hatte!

Die See war weder besonders rau noch glatt, die Dünung brandete wie immer an die Küsten des Südostpazifiks. Ein Stück weiter vorn im Wasser, kaum sechshundert Meter vom Strand entfernt, war ein kleiner Felsvorsprung.

Der Lehrer sagte: »So, und jetzt geht ihr alle ins Wasser und schwimmt zu diesem Felsen. Ihr umrundet ihn und kommt dann zurück zum Strand. Bleibt alle zusammen und vergesst nicht: keine Panik! Ihr seid ein Team. Teilt eure Kräfte ein. Wenn jemand Probleme bekommt, soll er einen Freund um Hilfe bitten. Haltet zusammen. Ich beobachte euch gemeinsam mit einem Rettungsschwimmer von hier aus.«

Die Kinder wärmten sich in der heißen Sonne

auf und warteten auf das Zeichen des Lehrers, dass sie ins Wasser gehen und losschwimmen dürften. Inmitten seiner Mitschüler zitterte Antonio. Nicht weil er fror oder gar Angst hatte, sondern vor lauter Freude, weil es so lange her war, dass er dem Meer so nahe gewesen war. Schon lange hatte sein Herz nicht mehr so fröhlich geklopft, sein Puls beschleunigte sich, er schwitzte.

»Hast du Angst?«, fragte ihn ein Junge. »Hast du Schiss vor dem Meer? Du Feigling!«

In diesem Moment gab der Lehrer das Zeichen. Die Jungs rannten ins Meer und schwammen gleich auf den Felsen zu. Der Lehrer und der Rettungsschwimmer verfolgten sie aufmerksam durch Ferngläser.

Nach ein paar Minuten passierte etwas Merkwürdiges. Während die Schüler in einem dichten Schwarm schwammen, löste sich einer aus der Gruppe und ließ alle anderen hinter sich.

»Ich habe doch gesagt, alle sollen zusammenbleiben!«, schimpfte der Lehrer wütend. »Behalten Sie ihn im Auge«, bat er den Strandwächter. »Er verbraucht seine Kraft zu schnell.«

Der Lifeguard beobachtete den Schwimmer genau und sah, dass der Abstand des Jungen zum Rest der Gruppe immer größer wurde. In seinen zehn Jahren als Strandwächter hatte er nie jemanden so schwimmen gesehen – der Junge schwamm nicht, er glitt geradezu durchs Wasser wie ein Seelöwe, ein Delfin oder ein Humboldt-Pinguin. Der Mann traute seinen Augen nicht!

Die Gruppe erreichte den Felsen und schwamm zurück zum Strand. Die Jungen wirkten abgeschlagen, ihre Bewegungen waren langsamer geworden. Doch den Schüler, der die ganze Zeit an der Spitze geschwommen war, sah der Lifeguard nicht mehr. Nach ein paar Minuten waren die Schüler zurück, manche erschöpfter als andere, aber allen ging es im Grunde gut. Nur wenige hatten Angst gehabt, es nicht mehr zurückzuschaffen.

Als sie wieder zu Atem gekommen waren, fragte der Lehrer sie: »Alles in Ordnung?«

»Ja …«, sagten alle nacheinander und schielten sich gegenseitig müde an.

»Ist etwas?«, fragte der Lehrer.

Ein Schüler sagte: »Ich weiß nicht, ob Sie das glauben können, Herr Lehrer, aber haben Sie nicht gesehen, dass einer von uns doppelt so schnell geschwommen ist wie wir anderen?«

»Ja«, sagte der Lehrer. »Wer war das?«

»Antonio«, antwortete einer.

»Antonio?«

»Ja, als wir zum Felsen kamen, wartete er schon dort im Wasser. Als er uns kommen sah und merkte, dass einige von uns Bammel hatten, redete er uns gut zu und sagte, dass wir keine Angst haben sollten. Er hielt uns eine Weile fest, damit wir Luft schnappen konnten, und sagte, wir müssten uns keine Sorgen machen, denn die Brandung würde uns helfen, schneller wieder zum Strand zu kommen.«

»Das war sehr klug von ihm«, sagte der Lehrer. »Und wo ist Antonio jetzt?«

Der Schüler sah seinen Lehrer an. »Er sagte, er wolle eine Weile an der Klippe bleiben. Ich vermute, er ist immer noch dort. Sie können ihn nicht sehen, weil er hinter dem Felsen ist, mit Blick aufs offene Meer.«

Der Rettungsschwimmer ging ins Wasser und eilte so schnell es ging zu Antonio.

Als der Mann den Felsen erreichte, sah er Antonio mit geschlossenen Augen auf dem Wasser liegen. Erst dachte er, der Junge sei bewusstlos, doch dann merkte er, dass er in eine Art Meditation versunken war.

»Antonio?«

Antonio schlug die Augen auf und lächelte.

»Hallo. Herrlich hier draußen, was?«

Der Lifeguard wusste nicht, was er sagen sollte. »Lass uns zum Strand zurückkehren.«

»Okay«, sagte Antonio und machte sich auf den Weg.

Der erwachsene Mann schwamm zwar, so schnell er konnte, aber mit Antonio konnte er nicht mithalten. Die Schüler am Strand sahen zu, wie Antonio den Rettungsschwimmer abhängte.

Unglaublich, dachte der Lehrer.

Lächelnd gelangte Antonio an den Strand, er sah aus wie neugeboren. Nach einigen Minuten erreichte auch der erschöpfte Strandwächter das Ufer.

»Geht es dir gut?«, fragte der Lehrer.

»Ich fühle mich großartig«, sagte Antonio.

»Bist du müde?«

»Warum sollte ich?«

Sie setzten sich in den Sand.

»Hast du schon einmal darüber nachgedacht, an Schwimmwettkämpfen teilzunehmen?«

»Eigentlich nicht.«

»Solltest du aber«, sagte der Lehrer. »Ich habe noch nie jemanden so schnell schwimmen gesehen.«

»Danke«, sagte Antonio errötend. »Wer ist eigentlich der Mann, der zum Felsen gekommen ist?«

»Ein Lifeguard.«

»Was ist das?«

»Ein Rettungsschwimmer. Ein Mann, der es sich zur Aufgabe gemacht hat, sich um andere Schwimmer zu kümmern. Wenn jemand in Not gerät, kommt er ihm zu Hilfe. Das ist sein Beruf.«

Antonio musterte den Mann in der roten Badehose. Und zum ersten Mal, seit er in der Welt der Menschen gelandet war, kam er sich nicht mehr verloren vor, denn er dachte: Ich kann auch Leben retten, ich kann tun, was ich gern tue, und bin in der Natur.

So beschloss Antonio in diesem Augenblick, wie er da im Sand saß, mitten in der Natur und im Klang der Stille, dass er Rettungsschwimmer werden wollte.

Selbstfindung

Eins ums andere vergingen die Jahre.

Antonio hatte in der Zwischenzeit neben Ismael ein paar weitere Freunde gefunden – hauptsächlich seit diesem glorreichen Tag vor vielen Jahren am Meer, als alle Mitschüler ehrfürchtig Antonios Schwimmkünste verfolgt hatten.

Er war nun fünfzehn Jahre alt und hatte an vielen Schwimmmeisterschaften im ganzen Land teilgenommen. Die Leute schlossen den »Delfinmenschen« ins Herz, der in den Wettkampfbecken einen Rekord nach dem anderen brach.

Doch tief in seinem Inneren scherte sich Antonio nicht um die Medaillen und die Anerkennung. Das Wichtigste an den Wettkämpfen war für ihn, dass er im Wasser sein und es am ganzen Leib und im Herzen spüren konnte. Sein Trainer hatte die Bedingung akzeptiert, ohne die Antonio nicht mitgemacht hätte: Er wollte sein gesamtes Training im Meer absolvieren. Denn diese Schwimmbäder und -hallen, der beißende Chlorgeruch und das seltsame türkisfarbene Licht befremdeten ihn doch sehr.

Um seinen Sport auszuüben, durfte er sogar dem Unterricht fernbleiben. Er war inzwischen der beste Schwimmer der Schule, ja vielleicht des ganzen Landes, und das verhalf seiner Schule zu Ansehen und zusätzlichen Geldmitteln. Ob er gute Noten hatte, war allen egal, solange er nur schwamm und an nationalen Wettkämpfen teilnahm.

Doch Antonio hatte ganz eigene Pläne für seine Zukunft. Man wollte ihn auf internationale Meisterschaften vorbereiten, aber in seiner tiefen Liebe zum Meer hatte Antonio in all den Jahren nie den Mann in der roten Badehose vergessen, den man Lifeguard nannte. Keiner wusste, dass Antonio schon längst über seine Zukunft entschieden hatte. Er wollte Leben retten, wollte tun, was er am liebsten tat. Vor langer Zeit hatte er begriffen, dass der Kern des Glaubens die Liebe ist und der Kern der Liebe der Dienst an den Lebewesen.

Antonio schloss die Schule ab. Er traf sich weiterhin mit Schulfreunden, besonders mit Ismael, und wohnte bei seinen Verwandten.

Schließlich war es Zeit, eine Entscheidung zu treffen. Bei einem ihrer Besuche auf dem Festland fragten Antonios Eltern ihren Sohn, was er aus seinem Leben machen wolle.

»Ich möchte Rettungsschwimmer werden.«

Die Eltern sahen einander an. »Bist du sicher?«, fragten sie.

»Ja. Das wollte ich immer schon, seit ich hier auf der Insel aus Beton und Mauern lebe. Ich weiß, dass es mir und meiner Seele guttut.«

Antonios Onkel wirkte verärgert:

»Aber, Antonio, du kannst Arzt werden, Anwalt, Ingenieur und sehr viel mehr Geld verdienen als ein stinknormaler Rettungsschwimmer.«

Guillermo, mittlerweile ein alter, weiser Mann, sah seinen Bruder an.

»Lass Antonio selbst über sein Leben entscheiden.« Er lächelte und sagte: »Wie eigenartig! Anscheinend haben alle schon vergessen, wie ich damals mit meiner geliebten Isolina entgegen aller gesellschaftlichen Regeln beschlossen habe, unsere Liebe zu retten. Und die einzige Möglichkeit, dies zu tun, war, sich vor der Gesellschaft zu verstecken. Und nun, nach all den Jahren, ist alles bestens! Die Gesellschaft vergisst die Sünde, und irgendwann auch den Skandal. Die Zeiten haben sich geändert, die Gesellschaft hat sich weiterentwickelt, und keiner scheint sich mehr an dem Altersunterschied zwischen mir und Isolina zu stören oder daran, dass wir damals getan haben, was unsere Herzen uns befohlen haben.«

Guillermo sah Isolina an. Sie lächelte. Dann wandte er sich an Antonio:

»Mein Sohn, du bist auf diese Welt gekommen,

weil zwischen deiner Mutter und mir eine wundervolle Liebe gewachsen war. Und diese Liebe erinnert uns immer daran, dass jeder sein Schicksal selbst in der Hand hat. Wir haben dich geboren, dich aber nie besessen. Wir haben immer versucht, dir ein paar Grundsätze beizubringen, nie aber Regeln und Vorschriften. Denn Letztere hätten die Liebe zwischen deiner Mutter und mir fast zerstört. Wir haben immer versucht, dir aufzuzeigen, dass die wichtigsten Dinge im Leben unschätzbar sind, man kann sie nicht kaufen oder verkaufen. Und ich weiß, dass du das weißt. Also, Antonio, egal, was du mit deinem Leben anfangen willst, wir werden dich immer dabei unterstützen, in guten wie in schlechten Zeiten. Wir wollen lediglich, dass du glücklich bist, dass du genau der Mensch bist, der du sein willst.«

Guillermo stand auf. Auch Antonio erhob sich. Sie umarmten sich ohne ein Wort. Guillermo gab seinem Sohn einen zarten Kuss auf die Wange, Isolina sah mit Tränen in den Augen zu.

»Deine Flügel sind kräftig und gesund geworden«, sagte Guillermo zu Antonio. »Nun musst du allein hinauf zu den Sternen fliegen, deinem Schicksal entgegen, genauso wie du es tausendmal bei den Vögeln daheim auf der Insel gesehen hast. Breite deine Schwingen aus, mein geliebter Sohn, und fliege!«

Schicksal

Antonio machte sich daran, die Unterlagen für die Aufnahme an der staatlichen Schule für Rettungsschwimmer zu besorgen.

Doch sein Heimatland wurde von entsetzlichen Problemen gebeutelt. Guerillakämpfer hatten angefangen, im Regenwald und im Hochland zu operieren und abgelegene Regionen zu zerstören, es wurde mit jedem Tag schlimmer. Daraufhin rekrutierte die Regierung starke junge Männer für die Streitkräfte, bildete sie aus und schickte sie in die Wälder und in den Kampf gegen die Guerilla.

Eines Tages kamen zwei Soldaten zu Antonio. Er wusste gar nicht, dass man ihn bereits für die Verteidigung des Landes ausgewählt hatte. Er konnte es nicht glauben, als er es erfuhr.

»Aber ich will Lifeguard werden«, sagte er.

Der ältere Soldat, ein Hauptmann, lächelte Antonio zu. »Das kannst du später machen, mein Junge, aber nicht jetzt. Wir müssen dich zu einem

Stützpunkt bringen, wo du eine militärische Ausbildung bekommst, damit du dem Vaterland helfen und die Rebellen ausmerzen kannst, die unserer geliebten Heimat so großen Schaden zufügen.«

Antonio traute seinen Ohren nicht. Man hatte ihn auf die Betoninsel gebracht und nun, nachdem er herausgefunden hatte, dass es sein Lebensziel war, Menschen im Meer zu retten, sagte man ihm, dass er ins Bergland gehen und Menschen töten sollte – in einem Krieg, den er nicht einmal verstand. Unter Tränen sahen Antonios Eltern, wie der Sohn litt.

»Dagegen können wir nichts ausrichten«, sagte der Vater.

Antonio wusste, dass sein Schicksal besiegelt war. Doch er war mit einer besonderen Seele geboren und hatte noch nie die Hoffnung aufgegeben. Er hatte gelernt, mit den Jahreszeiten und mit den Vögeln auf seiner geliebten Insel zu leben, hatte gelernt, dass es für alles eine Zeit gab. Und dass Dinge auf der Welt geschahen, die man nicht selbst in der Hand hatte. Also vertraute er darauf, dass sich die Zeiten eines Tages wieder ändern und die Vögel in ihre Nester zurückkehren würden. Denn das hatte er mit eigenen Augen gesehen.

Antonio hatte die Erfahrung gemacht, dass man Hindernisse und Steine – die den eigenen Weg und die Erfüllung des Schicksals, das man für sich gewählt hatte, beschwerlicher machen – überwinden muss, wenn man etwas erreichen will, das einem wichtig ist. Und solange er den Mut und das Vertrauen besaß, sich den harten Zeiten zu stellen, solange er nur nicht vergaß, wer er war, und die Kraft hatte, die Ängste zu meistern, die unweigerlich zwischen ihm und seinem Schicksal standen, dann würde er irgendwann wieder in den sicheren Hafen einlaufen.

Dunkle Zeiten

Beim Militär durchlief Antonio eine zügige, dreimonatige Grundausbildung.

Er hatte schon immer schnell gelernt, und nachdem man ihn nun in eine Position gebracht hatte, die er nie für möglich gehalten hätte, beschloss er, so viel wie möglich daraus zu lernen.

Nach der Ausbildung konnte Antonio mit einer Pistole umgehen, er hatte Selbstverteidigung und Taktiken im Guerillakampf erlernt und Überlebenstraining absolviert. Er versuchte, es wie ein Spiel zu betrachten. Alles war spannend. Er vermisste zwar seine Freiheit und die Nähe zum Meer, aber sein Traum, Lifeguard zu werden, war noch unversehrt. Er wusste, dass er einfach nur tun musste, was man ihm befahl, dann würde er zurückkehren und sein Leben weiterleben.

Doch Antonio, der im Frieden der Natur und zu Hause geschützt vor der Außenwelt aufgewachsen war, ahnte nicht, dass er bald die dunkelsten Seiten der Menschen kennenlernen würden.

Antonio wurde ins Tal des Urubamba geschickt, eine schöne Region im Hochwald, in der bunte Vögel zwischen üppig grünen Bäumen flatterten. Ihr stetes Zwitschern wurde nur vom Geplauder der Affen übertönt, die umhertollten, während sie saftige Früchte vertilgten, wie man sie nur in den Tropen findet.

Antonio, der von einer Wüsteninsel kam und dann an der ariden Küste des Südostpazifiks gelebt hatte, staunte über das satte Grün, das alles überzog. So viele verschiedene Bäume, so viele exotische Tiere, und dann der wundervolle Regen, der nach einem Schauer einen erdigen Duft vom feuchten Boden aufsteigen ließ! Für viele andere wäre das eine Qual gewesen, aber Antonio konnte immer die guten Seiten im Leben sehen, und diese neuen Erfahrungen und die Nähe zur Natur erfrischten seine Seele. Überdies freute es ihn, dass sein Stützpunkt an einem so gewaltigen Fluss lag, wie er bislang noch keinen gesehen hatte.

Die ersten Tage verliefen ruhig. Er wurde zusammen mit anderen Soldaten auf Erkundung geschickt. Hier und da erspähten sie rote Flaggen – das Symbol der kommunistischen Guerilla –, mehr aber nicht. Sein Kommandeur hatte erklärt, die Rebellen wollten sie mit dieser Taktik wissen lassen, dass sie ganz nah waren, aber das Gebiet galt noch nicht als »heiße Zone«, eine Zone also, aus der direkte Kampfhandlungen gemeldet wurden. Antonio wusste, dass er die nächsten sechs Monate im Hochland verbringen musste, und hoffte, dass es sogar noch einfacher werden würde als gedacht – flugs wäre er wieder am Meer und könnte seine Laufbahn als Rettungsschwimmer antreten.

Es geschah in einer dunklen, stürmischen Nacht, als selbst die Zikaden schwiegen. Antonio und seine Kameraden waren den Tag über wie üblich auf einem weiteren fruchtlosen Aufklärungsmarsch gewesen. Vor Einbruch der Dunkelheit waren sie wieder ins Lager zurückgekehrt, hatten geduscht, gegessen und wollten nun ins Bett gehen.

Da zerstörte eine donnernde Explosion den gesamten Eingangsbereich des Stützpunkts, Schrapnelle und Glassplitter flogen durch die Gegend und durchbohrten die Männer. Immer mehr Granaten schlugen ein, die Explosionen verschluckten die Schreie der fallenden Soldaten. Es war ein einziges Chaos. Das ganze Lager war hell erleuchtet, das schrille Heulen der Alarmanlagen war überall zu hören. Antonio stand auf und nahm sein Gewehr.

»Sie greifen uns an!«, schrie der Hauptmann. »Geht in Stellung!«

Antonio rannte zu dem Wachturm, wo er zusammen mit zwei Kameraden den Stützpunkt verteidigen sollte. Er kletterte so schnell hinauf, wie er konnte, und war umgehend oben bei den anderen. Ein Blick in ihre Gesichter sagte ihm, dass sie in Panik waren.

»Verdammt! Sie greifen von allen Seiten an«, rief der Hauptmann. »Schießt auf alles, was sich bewegt!«

Doch in der stockdunklen Nacht sah Antonio nur die Bäume rund um den Stützpunkt und das Aufblitzen der Geschütze außerhalb des Lagers. Der Granatenbeschuss ließ nicht nach, es herrschte ein immer größeres Durcheinander. Plötzlich hörte Antonio ein Pfeifen hinter sich, und als er sich umdrehte, war ein Kamerad zu Boden gegangen, er war getroffen worden. Seine Kopfwunde klaffte so tief, dass Antonio in den Schädel des toten Soldaten sehen konnte.

Er verlor die Nerven. Kurz überkam ihn etwas, das er nie zuvor empfunden hatte: Angst und Schrecken. Zum ersten Mal in seinem Leben betrachtete Antonio den Tod nicht als etwas Natürliches, sondern als etwas, das durch Hass und durch das Böse verursacht wurde. Und genau wie bei den Vögeln auf seiner Insel, wenn ein Greifvogel nahte, trieb ihn sein Überlebensinstinkt dazu, sich auf den Boden zu werfen und um sich zu schießen. Er hörte Schmerzensschreie, spürte die Todesangst um sich herum. Er spürte, dass mitten in diesem Paradies, in das man ihn abkommandiert hatte, mit einem mal die Hölle losgebrochen war.

Es wurde schlimmer und schlimmer. Die Guerillas waren den Soldaten zahlenmäßig um das Doppelte überlegen, und durch die vielen Gefallenen war der Stützpunkt fast wehrlos geworden.

Der Hauptmann schrie: »Alle zum Fluss! Jetzt!«

Doch es war zu spät. In diesem Augenblick begriff Antonio in vollem Umfang die Grausamkeit des Krieges. Direkt neben seinem Hauptmann explodierte eine Granate und ließ eine entsetzlich zugerichtete Leiche zurück. Antonio musste sich übergeben vom Geruch verbrannter Haut und versengten Fleisches.

Er fing an zu weinen. »Wahrscheinlich werde ich hier sterben«, dachte er, während er noch immer auf Schatten im Wald feuerte. Einige der verbliebenen Soldaten verließen nun ihre Stellungen und rannten zum Fluss. Antonio sprang vom Wachturm und folgte ihnen. Plötzlich spürte er einen heftigen Schmerz im Bein, er fiel hin, konnte sich aber wieder aufrappeln und weiterrennen. Hinter sich hörte er die Guerilla schreien: »Tötet sie alle!«

Antonio sprang in den reißenden Strom, hielt sich über Wasser und ließ sich mit der Strömung treiben. Er drehte einmal den Kopf – der Stützpunkt stand nun vollständig in Flammen. Danach blickte er nie wieder zurück.

Die ersten Strahlen der Morgensonne weckten Antonio. Er war müde, sehr müde. Er wusste nicht, wo er war. Er betastete den feuchten Boden, auf dem er lag, und schlug die Augen auf. Er sah, dass er am Flussufer war, vier andere Männer lagen neben ihm im nassen Sand. Und er erinnerte sich, dass ihn die starke Strömung mitgerissen hatte und er so das Ufer erreicht hatte, weit weg vom Stützpunkt.

Doch er erinnerte sich auch daran, dass er, kaum war er an der Böschung angelangt, Hilfeschreie gehört hatte und immer wieder zum Fluss gehumpelt war, um ertrinkende Soldaten zu retten. Er hatte sein Möglichstes gegeben, um alle, einen nach dem anderen, aus dem Wasser zu ziehen, bis die Schreie verstummt waren. Er hatte Erste Hilfe geleistet und die vier Kameraden retten können, obwohl er durch die Schusswunde am Bein viel Blut verloren hatte. Die Männer waren verwundet und starr vor Angst. Er wollte noch einmal zu ihnen gehen und sehen, ob er etwas für sie tun konnte, doch der Blutverlust war zu groß, und kurz bevor er ohnmächtig wurde, hörte er einen Helikopter am Himmel.

Genesung

Antonio erwachte in einem bequemen weißen Bett. Sofort spürte er den entsetzlichen Schmerz in seinem Bein.

Eine Krankenschwester sah, dass Antonio wach war. »Doktor! Doktor!«, rief sie.

Ein Mann in Weiß kam an Antonios Bett. »Wie fühlen Sie sich?«, fragte er.

»Ich weiß es nicht«, antwortete Antonio. Er war noch immer benommen.

»Das liegt an den Medikamenten, die wir Ihnen gegeben haben«, sagte der Arzt. »Sie hatten großes Glück. Wir konnten die Kugel entfernen und Ihr Bein retten. Wenn der Helikopter eine halbe Stunde länger gebraucht hätte, wären Sie wahrscheinlich gestorben. Gott sei Dank haben wir sie zusammen mit den vier anderen Soldaten rechtzeitig gefunden!«

Antonio erinnerte sich sofort an seine vier Kameraden. »Wo sind sie?«

»Sie tapferer junger Mann!«, sagte der Arzt

lächelnd. »Dank Ihnen sind alle am Leben und auf dem Weg der Genesung. Aber ich kann mir das nicht so richtig erklären. Die Männer sagten, Sie – mit Ihrem verletzten Bein – hätten sie aus dem Fluss gezogen und sich um sie gekümmert, bevor Sie Ihre eigenen Wunden verarztet hätten. Wie haben Sie das denn angestellt?«

»Ich weiß es nicht«, sagte Antonio. »Ich hatte einfach nur das Gefühl, ich müsse ihnen helfen.«

»Sie sind sehr bescheiden«, sagte der Arzt. »Aber ob es Ihnen gefällt oder nicht – Ihre mutige Tat hat sich schon herumgesprochen. Sie sind ein Held.«

»Ein was?!«

Der Arzt lächelte. »Ruhen Sie sich aus. Sie müssen wieder zu Kräften kommen. Wir haben ausreichend Zeit, um später darüber zu sprechen.«

Antonio schloss die Augen und schlief gleich wieder ein.

Er blieb vier Wochen im Krankenhaus. Sein verletztes Bein war danach vollkommen geheilt, und er wurde entlassen. Doch während seines Krankenhausaufenthalts hatte er Besuch von seiner Familie, von Journalisten und ein paar Generälen bekommen, die ihn bei einer kleinen Zeremonie vor Fernsehkameras und Pressevertretern ehrten, weil er das Leben seiner Kameraden gerettet hatte. Sie erklärten ihn zum Nationalhelden. Er erfuhr auch, dass er eine Leibrente vom Militär bekommen würde und man ihn vom Gefreiten zum Hauptmann befördert hatte. Man verlieh ihm ein paar Orden. Antonio wusste nicht, was er damit anfangen sollte.

Immer noch ließ ihn die höllische Nacht im Hochland nicht los. Er hatte das Schlimmste gesehen, wozu ein Mensch fähig ist, das Böse, das jeder Einzelne in sich trägt. Wenn man sich nicht an die Grundsätze eines anständigen Lebens hält, kann sich ein Mensch in eine wahre Bestie verwandeln.

Als Antonio wieder gehen konnte, galt sein erster Gedanke den Kameraden, die er in jener Nacht hatte retten können und die er nun sehen wollte. Allen ging es schon besser – allen bis auf einen. Er hieß Carlos. Man hatte ihm einen Arm amputieren müssen und er stand noch immer unter Schock. Antonio besuchte ihn täglich, erzählte ihm von seiner Kindheit auf Guañape, wo er allerart Vögel gesehen hatte, die trotz einer Behinderung zurechtkamen – mit nur einem Bein oder einem gebrochenen Flügel. »Der Trick ist«, sagte Antonio zu Carlos, »diesen Umstand innerlich zu akzeptieren und sich darüber klar zu werden, dass das Leben nie wieder dasselbe sein wird. Das heißt aber nicht, dass man nicht weiterleben kann.«

»Es hätte schlimmer kommen können«, sagte Antonio.

Carlos lächelte und sagte: »Ich weiß von dieser Nacht nur noch, dass direkt neben mir eine Granate explodierte, als ich zum Fluss kam und mich in die Strömung stürzte. Erst spürte ich gar nichts, ich war ganz taub. Doch als ich schwimmen wollte, merkte ich, dass der eine Arm nur noch an kleinen Strängen verbrannter Muskeln hing. Ich hatte das Gefühl, ich würde sterben. Ich schrie. Dann erinnere ich mich vage, dass mich jemand wie aus dem Nichts von hinten packte und aus dem Fluss hievte. Und am Ufer wurde ich dann ohnmächtig. Für mich warst du wie ein gottgesandter Engel. Als ich die starken Arme spürte, die mich umfingen und mich aus dem Wasser zogen, wusste ich, dass meine Zeit noch nicht gekommen war und ich nicht mitten im Hochland sterben musste. In meiner Benommenheit war mir, als hätte Gott einen Engel zu meiner Rettung geschickt.«

Antonio erinnerte sich an die Entscheidung, die er über seinen restlichen Lebensweg getroffen hatte.

»Ich wollte immer Rettungsschwimmer werden«, sagte er leise, wie zu sich selbst.

Da, und erst da wurde sich Antonio bewusst, dass er am Fluss genau das getan hatte, inmitten von Hass, Hölle und Grausamkeit. Nun begriff er, warum sein Weg ihn ins Hochland geführt hatte. Auf eine Weise, die er nicht vorhergesehen hatte, war er bereits Lifeguard und hatte das Leben von vier Kameraden gerettet. Die Erinnerungen an die Vogelinsel halfen ihm, sich klarzumachen, dass das Schicksal mitunter unergründliche und ganz eigene Wege ging und dass er in all dem Bösen, das er erlebt hatte, in der Lage gewesen war, Gutes zu tun.

Er bat um Stift und Papier und schrieb nieder, was ihm dieser Moment der Erleuchtung schenkte, damit er die schreckliche Erfahrung im Wald nie vergaß:

Mach niemals andere für dein Los verantwortlich, denn du, nur du allein hast die Entscheidung getroffen, das Leben zu führen, das du führst. Das Leben schuldet dir nichts, und wenn es dich aus irgendeinem Grund herausfordert, vergiss nicht, dass Schmerz und Leid der Nährboden für innere Reife sind. Der wahre Erfolg eines Menschen erwächst aus seinen Fehlern und vergangenen Erfahrungen. Deine Lebensbedingungen können günstig oder ungünstig sein, aber nur deine innere Haltung gegenüber diesen Umständen schenkt dir die Kraft, das zu sein, was du sein möchtest – sofern du deine Lektion lernst.

Lerne, eine schwierige Situation in einen Erfolg zu verwandeln. Hab kein Selbstmitleid, wenn es dir nicht gut geht oder wenn dich das Leben in eine missliche Lage bringt – all das sind nur Herausforderungen, und mit der richtigen Einstellung dazu entsteht daraus Positives.

Aus der Asche deiner leidvollen Erfahrungen

kannst du wieder auferstehen und größer sein als das größte Hindernis, das das Leben dir in den Weg legt. In dir wohnt ein Mensch, der zu allem in der Lage ist. Schau in den Spiegel. Erkenne deinen Mut, deine Träume und auch deine Schwäche, mit der du dein Unglück rechtfertigen wolltest. Wenn du dich selbst erkennst, wenn du endlich begreifst, wer du wirklich bist, wirst du frei und stark und nie eine Marionette anderer sein. Du selbst hast dein Schicksal in der Hand, keiner kann daran etwas ändern, solange du es nicht zulässt. Lass deine Seele erwachen, umherwandern, kämpfen, entscheiden, dann kannst du deine Lebensziele erreichen. Du bist Teil der Lebenskraft. Solange du einen Grund hast weiterzuleben, kannst du alle Schwierigkeiten meistern, mit denen das Leben dich herausfordert.

Denk immer daran: Die Frucht des Glaubens ist Liebe, und die Frucht der Liebe ist der Dienst an den Lebewesen.

Abschied vom Vater

Antonios körperliche und seelische Wunden verheilten vollständig. Nach seiner Genesung flog er mit einem Militärflugzeug voller verwundeter Soldaten zurück zur Küste. Alle waren froh, dem Inferno entkommen zu sein.

Am Flughafen erwartete sie ein militärisches Begrüßungskommando und viele lokale Medienvertreter. Antonio stand natürlich im Mittelpunkt der Aufmerksamkeit. Er antwortete nur knapp auf die Fragen, während er in die Menge blickte. Da sah er seine Mutter Isolina, und das ganze Medientheater war vergessen, er lief zu ihr und nahm sie zärtlich in die Arme. Doch der glückliche Moment währte nur kurz.

»Mein lieber Antonio, ich muss dir etwas sagen …«

Antonio reagierte sofort.

»Wo ist Vater?«

Die Mutter hielt ihn fest und sah ihm in die Augen.

»Dein Vater ist vor einer Woche gestorben. Vorgestern haben wir ihn beerdigt.«

Antonio fuhr ein heftiger Schmerz in die Seele. Er nahm die Hand seiner Mutter und führte sie weg von der Menschenmenge.

Sie gingen direkt zum Friedhof. Die Erde, die sich über dem Sarg auftürmte, war noch feucht. Isolina nahm die Hände ihres Sohnes und sagte:

»Er hat nicht gelitten, Antonio. Er ist eines natürlichen Todes gestorben. Seine Zeit war gekommen, er wusste es – so wie die alten Vögel auf der Insel, die sich in aller Stille vom Schwarm zurückziehen, um an einem abgeschiedenen Fleckchen in Frieden zu sterben. So ist auch dein Vater gegangen, Antonio, im selben Frieden. Ich hoffe, es hilft dir, das zu wissen. Er ist mit einem Lächeln auf den Lippen von uns gegangen.«

»Hat er etwas gesagt?«, fragte Antonio.

Isolina wischte sich die Tränen aus den Augenwinkeln.

»Ja. Er hat gesagt, dass du und ich das Schönste seien, was ihm in seinem ganzen Leben je passiert ist, und dass er nichts bereut, was er je getan hat.«

Isolina zog einen Umschlag aus der Tasche und reichte ihn Antonio.

»Diesen Brief hat er dir schon vor einiger Zeit geschrieben, er wollte ihn aber lieber nicht mit der Post verschicken. Weißt du, er hatte Angst, dass der Brief dich in diesen schlimmen Zeiten nicht erreichen würde.« Sie küsste ihren Sohn. »Ich finde, hier ist ein guter Platz, um ihn zu lesen. Dein Vater hat es so gewollt.«

»Danke, Mama«, sagte Antonio. Seine Mutter entfernte sich.

»Mama?«

»Ja?«

»Bereust du etwas?«

Isolina lächelte. »Nein, überhaupt nichts. Und wenn ich dich nun ansehe, fühle ich mich gesegnet von dem Leben, das ich bisher hatte.«

Dann ging sie zum Wagen.

Antonio hingegen setzte sich neben das Grab seines Vaters – es lag bei einem kleinen Teich, auf dem schöne Wasserpflanzen schwammen – und öffnete den Brief.

Mein lieber Sohn,

Deine Mutter musste mir versprechen, Dir diesen Brief zu geben, solltest Du aus der Hölle zurückkehren, in die das Leben Dich geführt hat. Ich kann mir die fürchterlichen Dinge, die Du mitmachen musstest, nicht einmal annähernd vorstellen. Aber nimm sie als eine Lektion über die Tatsache, wie böse manche Menschen werden können und zu welchen Grausamkeiten sie fähig sind.

Vergiss diese Lehre nie und versuche, stark zu bleiben.

Ich fühle mich sehr alt, und tief in meinem Herzen spüre ich, dass ich diese schöne Welt bald verlassen muss. Das habe ich von den Vögeln auf meiner zauberhaften Insel gelernt: zu wissen, wann meine Zeit auf dieser Erde zu Ende geht und dass ich alles getan habe, was ich tun wollte. Vergib mir, wenn ich Dir nicht alles geben konnte, was du verdient hast. Aber sei versichert, dass ich mein Bestes versucht habe. Ich denke, das ist alles, was ein Mensch überhaupt tun kann: sein Bestes zu versuchen.

Dies ist kein Abschied auf ewig, Antonio. Früher oder später müssen wir alle auf die andere Seite wechseln. Meine Zeit ist gekommen, Deine und die Deiner Mutter kommt irgendwann in der Zukunft. Vergiss das nicht und sei nicht traurig, denk einfach immer nur daran, dass das Leben schneller vorbeizieht als man denkt. Genieße jeden Atemzug auf dieser wundervollen Reise, die man Leben nennt.

Pass auf Deine Mutter auf, so wie sie auf mich aufgepasst hat. Im Namen der Liebe hat sie in ihrer Jugend vieles geopfert, für mich und auch für Dich. Ich hoffe nur, dass Du ihr all die Liebe zurückgeben kannst, die sie Dir geschenkt hat, so wie auch ich versucht habe, ihr all meine Liebe zu schenken. Sie hat viele Dinge gesehen und erfahren, die die meisten Menschen nicht einmal wahrnehmen, obwohl sie täglich von ihnen umgeben sind. Ich hoffe, dass ich Dir beigebracht habe, die Augen gegenüber Deiner Umwelt zu öffnen. Darum werden wir die Welt aber wohl auch nie so sehen, wie der Großteil der Menschen es tut. Ich denke, wir können uns glücklich schätzen, dass dem nicht so ist!

Ich wünsche mir aus zwei Gründen, dass Du diesen Brief an meinem Grab liest: Erstens damit Du verstehst, dass unter Dir nur die fleischliche Hülle eines müden Menschen begraben ist. Ich selbst bin nicht mehr in dieser Hülle. Meine Seele wird auf meine geliebte Insel zurückkehren und dort für immer wohnen. Jetzt weißt Du, wo Du mich finden kannst, wenn Du das möchtest. Zweitens habe ich Deine Mutter gebeten, eine Lotosblume in den Teich neben meinem Grab zu pflanzen. Kannst Du sie sehen, Antonio? Schau genau hin – ihre Wurzeln stecken im Schlick, im trüben Wasser …

Versuche, wie diese Lotosblume zu sein, Antonio. Ob Du nun im Wasser oder auf der Erde lebst, im Himmel oder in der Hölle –

*Du kannst jederzeit zu dem wundervollen
Menschen erblühen, der Du sein willst.
Der Klang der Stille, Antonio. Die Lotos-
blume. Bewahre sie immer in Deinem
Herzen, bis die Zeit für unser Wiedersehen
gekommen ist, mein Sohn, Du Freude meines
Lebens.*

Dein Vater

Dritter Teil

Antonio wird berühmt

Antonios Name erschien auf den Titelseiten der wichtigsten Zeitungen des Landes. Alle verfolgten seine Laufbahn als Lifeguard. Nachdem er seine Ausbildung beendet und bereits mehrere Menschenleben in den tückischen Gewässern des Südostpazifiks gerettet hatte, wurde er von Fernsehsendern und lokalen Medien um Interviews gebeten. Doch Antonio lehnte grundsätzlich ab. Dies bewirkte allerdings, dass das Interesse um seine Person nur größer wurde. Wer war dieser Mann? Woher kam er? Es gehört zur menschlichen Natur, etwas über jemanden erfahren zu wollen, der derart zurückgezogen lebt. Und erfährt man dies nicht von ihm selbst, muss man diesen Menschen eben durch erfundene Geschichten erschaffen – wodurch er automatisch auf einen Sockel gestellt wird. Wir alle schwimmen mit dem Strom, bis wir mit Glück am Ende die Kraft finden, uns gegen den Strom zu wenden. Und möglicherweise begreifen, dass wir mit irgendwelchen

Gerüchten, die wir hören, Getuschel und falschen Meinungen über andere nur unsere Lebenszeit verschwenden. Und vielleicht können wir Antonio dann verstehen, einen einfachen Mann, der tat, was er am besten konnte, und dabei sein Bestes gab.

Doch Antonio wusste wohl, dass kleinherzige Menschen meist voller Neid waren, und dass jemand, der seinem Herzen nicht folgt, es auch keinem anderen gönnt.

Also hielt Antonio den Mund und versuchte, den Klang der Stille in seinem Herzen zu finden und ihm zu lauschen:

Wenn wir impulsiv sind, haben wir uns nicht unter Kontrolle und setzen Worte voller Hass und Groll in die Welt. Und wenn wir endlich wieder klar denken können, bereuen wir es. Doch wir können unsere Worte nicht zurücknehmen, wir können unsere Taten nicht ungeschehen machen. Das Traurige daran ist, dass wir durch solch unachtsames Handeln in viele Herzen Wunden und Narben schlagen.

Versuche, von heute an toleranter und verständnisvoller zu sein. Wenn du kurz davor bist, in die Luft zu gehen, denk daran, dass du jemandem damit das Herz brechen könntest.

Schwarzer Sonntag

Auf der südlichen Halbkugel dauert der Sommer von Dezember bis in den März hinein. Nach einem langen Universitätsjahr haben die Studenten in diesen Monaten Ferien, auch die Schulen im ganzen Land schließen, die meisten Berufstätigen nehmen frei und machen Urlaub mit der Familie.

In einer Stadt am Meer strömen Hunderttausende Junge und Alte an die Strände, um das warme Wetter und das kühle Meerwasser zu genießen. Hochsommer ist im Januar und Februar, zu dieser Zeit lassen im Südpazifik die starken Strömungen aus der Antarktis nach, und das Meer ist normalerweise ruhig. Alle Strände werden zwar bewacht, aber die Arbeit der Lifeguards ist bei geringem Seegang leichter.

Im Februar 1980 war das jedoch anders.

Eine gewaltige Dünung – viel stärker als sonst zu dieser Jahreszeit – strömte von der Antarktis her weiter nach Norden. Sie kam wie aus dem Nichts und überraschte viele Schwimmer. Denn in den Achtzigerjahren gab es noch keine modernen Tsunami-Frühwarnsysteme mit Bojen und Satelliten, die heutzutage ein solches Naturphänomen vier, fünf Tage im Voraus ankündigen können. Am schlimmsten war, dass die Flutwelle an einem Sonntagnachmittag, als die Strände voller Leute waren, auf die Küste traf.

Anfangs handelte es sich nur um eine einzelne Welle, nach ein paar Minuten folgte eine weitere. Doch als die See immer wütender und die heimtückische Brandung immer heftiger wurde, war den Lifeguards klar, dass etwas nicht stimmte, und sie versuchten, so viele Menschen wie nur möglich aus dem Wasser zu holen.

Am Nachmittag heulten an den Stränden alle Alarmsirenen. Die grünen Flaggen – ein Zeichen für ruhige See – wurden durch rote oder schwarze Flaggen ersetzt, was hieß, dass die Strände geschlossen waren.

Fünfzehn Kilometer südlich der Stadt bahnte sich eine Katastrophe an. Der Strand dort war bei Touristen sehr beliebt aufgrund seiner Abgeschiedenheit. Nur wenige Einheimische verkehrten dort, denn sie wussten, dass das Schwimmen an diesem Ort sehr gefährlich werden konnte. Lediglich die geübtesten Wellenreiter trauten sich, ins

Wasser zu gehen, und das normalerweise auch nur bei schwacher Dünung. Taucherflossen waren ein Muss, weil man leicht von einer Strömung unter Wasser gezogen und mehrere Minuten lang festgehalten werden konnte. Nur mit großen Flossen konnte man aus der Gefahrenzone herauspaddeln.

Doch auch wenn man alle Maßnahmen ergreift, auch wenn man all die technischen Möglichkeiten und Kapazitäten ausschöpft, um eine Tragödie abzuwenden, gibt es Umstände im Leben, in denen letztendlich das Schicksal zuschlägt. Und wenn so viele unvorhergesehene Faktoren zusammenkommen, kann der Mensch nicht mehr viel ausrichten. Und genau das ist an diesem schönen, abgelegenen Strand außerhalb der Stadt geschehen.

An jenem schicksalsschweren Sonntag hatte eine Gruppe junger, fröhlicher Touristen beschlossen, den heißen Tag mit Schwimmen und Sonnenbaden an diesem Strand zu verbringen. Sie rekelten sich im warmen Sand, prosteten sich mit kaltem Bier zu und ließen es sich gut gehen. Einigen war aufgefallen, dass die See immer rauer wurde, also beschlossen sie, nicht ins Wasser zu gehen, sondern einfach nur ein Picknick zu machen und sich zu entspannen. Doch dann brandeten ohne jede Vorwarnung riesige Wellen an den Strand. Sie waren so hoch und mächtig, und vor allem folgten sie so dicht aufeinander, dass die Energie, die ein Brecher freisetzte, sofort vom nächsten absorbiert und vervielfacht wurde. Dadurch konnte die erste Welle nicht ins Meer zurückfließen. Die Kraft der ständig aufeinanderfolgenden Wassermassen wurde so groß, dass das Meer eine regelrechte Wand bildete und auf den Strand zuschoss. Die überrumpelten Touristen hatten nicht die geringste Chance. Nachdem die Wellen ihr Lager zerstört hatten, wurden alle mit dem abfließenden Wasser ins Meer gesogen. Andere Strandbesucher, die das Unglück mit ansehen mussten, riefen um Hilfe, während die Touristen in den schäumenden Fluten versanken.

An diesem Nachmittag hatten drei Lifeguards Dienst bei der Küstenwache: Antonio und zwei weitere junge Männer. Über Funk hörten sie von der Tragödie, die sich an diesem Strand abspielte, und eilten umgehend dorthin. In wenigen Minuten waren sie vor Ort, doch die brodelnde See überforderte sie. Selbst Antonio mit all seiner Erfahrung und dem Fehlen jeglicher Angst vor dem Meer, das er für seinen besten Freund hielt, wusste, dass die Situation kritisch war. Ein paar Hundert Meter vom Strand entfernt konnten sie die Touristen sehen. Verzweifelt versuchten sie, ihre Köpfe über Wasser zu halten, wedelten mit den Armen und schrien um Hilfe.

»Keine Chance«, sagte einer der Lifeguards. »Wir würden auch ertrinken. Unter diesen Bedingungen können wir unmöglich einen Rettungsversuch unternehmen.«

Sie kontaktierten die Zentrale. Der Kommandeur sagte, sie sollten tun, was sie für das Beste hielten. »Ihr seid zwar für diese Situationen ausgebildet, aber ich kann euch nicht befehlen, ins Wasser zu gehen, denn ich weiß, dass ihr auch ertrinken könntet. Ihr müsst selbst entscheiden.«

»Was sollen wir tun, Antonio?«, fragten die jüngeren Kollegen. Sie hatten große Angst.

Antonio blickte zum Horizont, der hinter den riesigen Wellen verschwamm, und dachte an den Satz:

Der Sinn des Glaubens ist die Liebe, und der Sinn der Liebe ist der Dienst an den Lebewesen.

Antonio zögerte nicht lange. Er zog sich um, schlüpfte in die Flossen und stürzte sich in die tückischen Fluten. »Tu's nicht!«, riefen die beiden anderen. Doch es war zu spät. Antonio tauchte bereits unter den Monsterwellen hindurch und schwamm, so schnell er konnte, an die Stelle, wo die panischen Touristen in einer starken Strömung steckten, die sie nicht mehr loslassen wollte.

Er hoffte, dass er die verängstigten Menschen weg von den Brechern und aufs offene Wasser hinausbringen konnte, um dort auf Hilfe aus der Luft zu warten. Allerdings ahnte er nicht, dass die beiden Rettungshubschrauber, die diesem Küstenabschnitt zugeteilt waren, bereits ein gutes Stück entfernt im Einsatz waren und anderen Schwimmern in Not halfen.

Antonio wusste, dass nicht das Meer, sondern die Panik einen Schwimmer tötet. Viele versuchen, gegen die Strömung anzukämpfen, anstatt sich mit ihr treiben zu lassen. Doch das führt lediglich zu einem kompletten Kraftverlust. Und wenn ein Schwimmer keine Kraft mehr hat, überkommt ihn Panik. Dann kann er nicht mehr klar denken und findet am Ende den Tod.

Antonio gelangte schließlich zu den verzweifelten Touristen. Er versuchte, sie zu beruhigen und sie so weit wie möglich aus der Strömung herauszuführen. Doch einigen fehlte schon die Kraft, sie bekamen Todesangst. Antonio war in Bedrängnis: *Ich werde nicht alle retten können*, dachte er. Überdies war er sich mittlerweile sicher, dass die Hubschrauber, wenn sie bis jetzt noch nicht eingetroffen waren, auch nicht mehr kommen würden. In einer Stunde würde außerdem die Sonne untergehen, und so wäre auch das letzte Tageslicht verschwunden.

Plötzlich hörte Antonio zwei Stimmen nach ihm rufen. Seine beiden Kollegen waren ihm doch noch zu Hilfe gekommen. Sie wussten, dass sie sich in Lebensgefahr begaben, doch sie konnten nicht am sicheren Strand stehen und untätig zusehen, wie sich im Wasser Schreckliches zutrug.

Antonio und die beiden anderen Lifeguards zogen ihre Tarierwesten aus und legten sie drei der Touristen an. »Bleibt ruhig!«, rief er. Alle befolgten Antonios Rat, doch da stellte sich bereits ein weiteres Problem ein: die Unterkühlung. Die in Not geratenen Touristen waren nun schon fast eine Stunde lang im kalten Wasser. Bei einigen wurden Zehen und Finger taub, andere litten unter schlimmen Muskelkrämpfen. Die Rettungsschwimmer wussten, dass ihnen die Zeit davonlief und ihnen die Optionen ausgingen. Antonio schwamm zu seinen Kollegen und flüsterte ihnen zu:

»Ich weiß nicht, ob wir alle retten können. Ich weiß auch nicht, ob wir uns selbst werden retten können. Aber wir müssen es versuchen, etwas anderes bleibt uns nicht übrig. Wir müssen raus aus der Strömung, müssen die Leute vor uns herschieben und sie gut festhalten. Wenn wir Glück haben, wird uns die Brandung an den Strand spülen.« Er sah die beiden an. »Dafür wurden wir ausgebildet, die Risiken kannten wir immer. Nun liegt es in Gottes Hand. Geben wir unser Bestes. Viel Glück!«

Ganz kurz dachte Antonio an den Tag zurück, als sein Stützpunkt in den tiefen Bergwäldern angegriffen worden war. Er gab den panischen Touristen Anweisungen, sagte ihnen, dass sie alle dicht bei ihm bleiben und vor jedem Brecher tief Luft holen sollten. Mehr konnte er nicht tun.

Keiner weiß genau, was dann passiert ist, doch an jenem fürchterlichen Sonntagnachmittag gelangten vier der sieben Touristen mit der Hilfe der Lifeguards zurück an den Strand. So auch Antonio. Nachdem er die vier Menschen in die Obhut der Rettungssanitäter gegeben hatte, die schon am Strand warteten, konnte er weder seine Freunde noch die anderen Touristen entdecken. Sie waren in den Wellen verschwunden. Antonio unternahm einen letzten verzweifelten Versuch, zurück ins Wasser zu gehen. Er war halb erfroren, völlig erschöpft, er spürte seine Hände und Füße nicht mehr, aber er wollte trotz allem noch einmal zurückschwimmen. Aber es gelang ihm nicht – ein gigantischer Brecher erfasste ihn und zog ihn auf den Meeresgrund hinab. Er hatte fast keine Luft mehr in den Lungen, doch er schlug die Augen auf und kämpfte sich mit letzter Kraft an die Oberfläche. Er schaffte es, holte tief Luft. Dann übermannte ihn eine weitere Welle und drückte ihn an den Strand, wo er von Sanitätern geborgen wurde, die diese entsetzliche Szene beobachtet hatten. Antonio verlor das Bewusstsein.

Ein paar Tage später fand man die Leichen der drei anderen Touristen und der beiden Lifeguards an einem Strand fünfzig Kilometer südlich vom Schauplatz der Tragödie.

Antonio und Gladys

Antonios Ruhm als außergewöhnlicher Lifeguard und Kriegsheld wurde immer größer. Doch gleichzeitig zog er sich immer mehr von der Gesellschaft zurück.

Die Menschen konnten offenbar nicht verstehen, dass seine Arbeit ein Liebesdienst war. Er wollte keinen Applaus, wollte keine Auszeichnungen. Er wollte einfach nur so viele Leben wie möglich vor den Launen seiner wahren Heimat, dem Meer, retten. Doch je mehr Schwimmer er rettete, desto berühmter wurde er, und je mehr Menschen seine Nähe suchten, desto einsamer fühlte er sich.

Eines Tages beschloss er – nach reiflicher Überlegung, ob er hingehen sollte oder nicht –, einmal an so einer Feier teilzunehmen, zu der er geladen war. Er wollte ein halbes Stündchen bleiben, in die Kameras lächeln und dann wieder gehen, wenn es keiner bemerkte. Denn er hatte die Erfahrung gemacht, dass sich die Gespräche und die Aufmerksamkeit der Leute nach dem zweiten oder dritten Drink auf andere Dinge richteten und ihn alle vergessen würden. Das gefiel Antonio.

Doch gerade als er seine »Flucht« vorbereiten wollte, kam jemand auf ihn zu.

»Hallo.«

»Hallo«, sagte Antonio.

Er konnte den Blick nicht mehr von diesem hübschen Mädchen abwenden. Die junge Frau hatte langes, braunes Haar und einen dunklen Teint. Mit ihren Augen brachte sie den Raum zum Erleuchten. Antonio konnte durch die Augen eines Menschen in dessen Innerstes sehen, und so erkannte er die Reinheit ihres Herzens.

»Ich bin Gladys«, sagte sie und fügte dann hinzu: »Solche Veranstaltungen langweilen dich wohl, was?«

»Ja«, gestand Antonio, er hatte nie gelernt zu lügen.

»Mich auch«, sagte Gladys. »Ich frage mich manchmal, warum Menschen immer einen Anlass – in diesem Fall dich – brauchen, um zusammenzukommen.«

»Das frage ich mich auch«, gab Antonio zurück. »Zuerst wollen sie in meiner Nähe sein, ein paar Fotos mit mir machen, und auf einmal vergessen sie dann, dass ich überhaupt da bin.«

»Eigenartige Gesellschaft, nicht wahr?«, sagte Gladys. Sie blickte Antonio in die Augen und fragte: »Stimmt es, dass du deine Kindheit allein auf einer einsamen Insel verbracht hast?«

»Nein«, antwortete Antonio, »ich hatte viele Freunde – Vögel, Seelöwen, Delfine, die Stille …«

Gladys lächelte. »Apropos Stille, sollen wir irgendwo anders hingehen und uns in Ruhe darüber unterhalten?«

»Gern«, sagte Antonio.

Gladys hatte ein Auto, und so schlichen sie sich von dem Fest davon.

»Wohin willst du fahren?«, fragte Antonio.

»An denselben Ort wie du«, sagte sie. »Ans Meer.«

Antonio lächelte.

Sie parkten an einem schönen Strand, wo sie den unermesslichen Ozean betrachten konnten.

»Ich bin Philosophin«, sagte Gladys. »Ich mag ruhige Orte wie diesen, wo ich allein sein kann.«

Antonio sagte nichts. Er kannte dieses wunderbare Gefühl, schweigend auf sein geliebtes Meer zu blicken. Es gefiel ihm, dass Gladys nicht reden musste. Wie Antonio schaute auch sie aufs Meer hinaus.

Und genau das ist wahre Liebe: zwei Menschen, die sich an denselben Dingen freuen, ohne ein Wort darüber verlieren zu müssen. Dann fliegt die Zeit dahin, und wenn die Zeit fliegt, lebt man.

Antonio hätte sich nie vorstellen können, dass in

diesem Augenblick das schöne Mädchen neben ihm sein Leben verändern würde – nicht, indem sie ihn veränderte, sondern indem sie ihm half, in einer Gesellschaft zu leben, die er nie verstehen würde.

Liebe

Ihre Liebe blühte. Dank ihres Philosophiestudiums und seiner außergewöhnlichen Erlebnisse als Kind verbrachten sie jede Sekunde zusammen und genossen ihr Leben. Gladys gefiel es, dass sie es mit einem erwachsenen Mann zu tun hatte, der zwar im Lauf der Jahre berühmt geworden, aber noch immer so schüchtern war wie ein kleines Kind. Das mochte sie am meisten an Antonio – dass er nicht gern zu Veranstaltungen und Feiern ging und vom Nachtleben nichts hielt. Er war zufrieden mit sich und lebte nach seinen eigenen Prinzipien.

Gladys kam aus einer wohlhabenden Familie. Zu Beginn versuchten ihre Eltern, ihr die Beziehung zu Antonio auszureden. Sie waren wie alle Mütter und Väter, die sich für ihre Tochter »etwas Besseres« wünschten, nicht einen einfachen Lifeguard. Wie viele andere auch wollten sie Antonio nie richtig kennenlernen und konnten nicht sehen, was für ein außergewöhnlicher Mensch er war. Aber Gladys ließ sich dadurch nicht beirren. Als

Philosophin und Bohemienne wusste sie schon lange, dass ihr Leben nur ihr selbst gehörte. Darüber hinaus hörte sie auf ihr Herz, und das sagte ihr, dass sie für sich das Richtige tat.

»Liebst du mich, Antonio?«, fragte sie an einem dieser Abende, an denen sie zum Strand gingen, um den Sonnenuntergang zu betrachten.

Antonio zog daraufhin einen Zettel aus der Hosentasche und schrieb etwas darauf. Er gab ihn Gladys und sagte: »Ich gehe dann mal schwimmen.«

Gladys lächelte. Antonio ließ sich derweil in seinem geliebten Meer treiben. Sie faltete den Zettel auseinander und las:

Was soll ich Dir sagen?
Ich will viele Dinge, aber ich brauche nur
eines – Dich.
Und wenn Du mich aus irgendeinem Grund
verlässt, werde ich Dich suchen und zurück-
holen, denn ich weiß, dass es falsch war.
Niemand wird Dich je so lieben wie ich.
Das weiß ich.

Antonio

Nach einiger Zeit beschlossen Gladys und Antonio, ihre Beziehung offiziell zu machen. Sie heirateten und verbrachten viele Jahren voller erfüllender

Gespräche am Meer, und das Leben schenkte ihnen vier tolle Kinder: Cecibelle, Ronald, José Antonio und Guillermo. Sie hatten sich immer eine große Familie gewünscht und sie nun endlich bekommen. Das Geld war zwar hin und wieder knapp, aber in ihrem Haus herrschte so viel Liebe und Harmonie, dass sie sich keine großen Sorgen machten. Genau wie Antonio hatte auch Gladys begriffen, dass Geld an sich nichts wert war und dass es viele Dinge gab, die ihnen mehr bedeuteten, als reich zu sein.

Einmal jedoch bat Antonio seine Frau um Verzeihung, dass er nicht in der Lage gewesen war, seinen Kindern mehr zu bieten.

Gladys lächelte.

»Ach, Antonio, du hast den Kindern mehr geschenkt, als du denkst. Du hast ihnen Grundsätze vermittelt. Du hast ihnen immer die Freiheit gelassen, ihre Träume zu verwirklichen. Vor allem aber hast du sie gelehrt, die Dinge zu schätzen, die das Leben wirklich lebenswert machen. Sie sind keine Materialisten, sondern spirituelle Wesen. Wenn wir alle zusammen zum Strand gegangen sind und du ihnen Geschichten von der Insel erzählt hast, von der Schule oder der Armee, konnten sie erkennen, dass es eine Welt voller Frieden gibt, in der Prinzipien und Liebe Grundvoraussetzungen für ein erfülltes Leben sind. Doch indem du ihnen diesen grauenvollen Lebensabschnitt im fernen Regenwald geschildert und ihnen erzählt hast, wie Menschen den Verstand verlieren und andere Menschen töten können, hast du ihnen auch das Böse aufgezeigt, das einige von ihnen in sich tragen. Ich denke, dass sie mit diesem Wissen gut auf das Leben vorbereitet sind, was auch immer sie tun wollen. Das, mein Geliebter, ist dein allerschönstes Vermächtnis an unsere Kinder. Sie erleben die Harmonie zwischen dir und dem Ozean. Sie wissen, dass du mir dein gesamtes Gehalt gibst und selbst nur ein Taschengeld behältst, um jeden Tag mit dem Bus ans Meer zu fahren. Unseren Kindern wird es immer gut gehen.«

Antonio lächelte. »Weißt du was, Liebste?«

»Was?«

»Ich glaube, ohne dich wäre ich niemals in der Lage gewesen, auf trockenem Land zu leben. Du hast mir die Kraft geschenkt, mich an die Gesellschaft anzupassen, ohne meine Prinzipien, mein Ich, dafür zu opfern. Dafür werde ich dir immer dankbar sein.«

Abschlussfeier

D ie Zeit fliegt dahin, wenn man tut, was man gern macht, und wenn man das Leben führt, das man sich gewünscht hat. Das ist die Ironie des Schicksals: Was man genießt, geht schnell vorbei. Warum können glückliche Momente nicht ewig währen, wenn man tut, was man möchte?

Für die neuen Lifeguards des Landes kam der Tag der Abschlussfeier.

Es ging das Gerücht um, dass nach der feierlichen Vorstellung der neuen Absolventen eine Rede gehalten und dem dienstältesten Rettungsschwimmer ein Preis verliehen werden sollte: Antonio, Sohn eines einfachen Hüters einer Guano-Insel, dem Mann, der mehr Leben aus dem Meer gerettet hatte als jeder andere. Antonio war nun fünfundfünfzig und musste gemäß den Statuten des Verbandes in den Ruhestand versetzt werden.

Die Feier begann planmäßig um zwölf Uhr mittags. Die Sonne strahlte auf den Ort herunter, wo alte und neue »Wächter der Meere« eine schöne Zeit damit verbringen würden, Geschichten über die beiden Dinge auszutauschen, die sie am meisten liebten: den Ozean und Leben zu retten. Sie wussten, dass manch einer bei der Aufgabe, die ihm nun zufiel, sein Leben verlieren könnte. Doch wenn man seine Arbeit liebt, denkt man über so etwas nicht nach.

Der Generalkommandeur der Lifeguard Vereinigung eröffnete die Feier.

»Guten Tag, meine Damen und Herren. Wir haben uns heute hier versammelt, um der neuen Garde der Rettungsschwimmer Anerkennung zu zollen. Nach erfolgreicher Ausbildung werden sie von heute an unsere erhabenen Meere beaufsichtigen, damit wir alle im Sommer sicher sind und wissen, dass uns hoch oben in einem Turm am Strand jemand aufmerksam beobachtet und uns beim kleinsten Anzeichen von Not zu Hilfe eilt. Ich bitte um lauten Applaus für diese tapferen jungen Männer und Frauen, die alle Anforderungen erfüllt haben, um offiziell in den Dienst der Lifeguards gestellt zu werden.«

Aus dem Meer der Gesichter, hauptsächlich der strahlenden Familien und Freunde der Absolventen, brach tosender Applaus hervor. Vor ihnen standen mit strahlenden Gesichtern die jungen

Leute, die sich der Tatsache vollauf bewusst waren, dass es ihre Lebensaufgabe war, Menschen zu retten.

Einer nach dem anderen wurden sie aufs Podium gerufen und bekamen ihr Diplom. Ihre Augen leuchteten vor Stolz und Glück. Endlich hatten sie erreicht, wofür sie so lange und so hart gearbeitet hatten – sie waren nun die neuen »Wächter der Meere«.

Nach der Zeremonie bat der Generalkommandeur um die Aufmerksamkeit des Publikums.

»Und zum feierlichen Abschluss«, sagte er, »haben wir einen Ehrengast. Er ist seit über dreißig Jahren einer von uns. Nun ist es Zeit für ihn, in den Ruhestand zu gehen und in Frieden zu leben, nachdem er der Gemeinschaft gedient hat wie kein anderer und alles riskiert hat, um andere zu retten. Und im Winter hat er die angehenden jungen Lifeguards trainiert, damit wir an unseren Stränden sicher schwimmen gehen können. In den dreißig Jahren seines aktiven Dienstes hat er Hunderte, ja Tausende Leben gerettet. Keiner außer ihm weiß genau, wie viele es waren. Selbst in den tückischsten Strömungen und in stürmischer See hat er sich seiner Pflicht niemals verweigert. Er war immer zur Stelle – für die Marine, für ausländische Schifffahrtsgesellschaften, für unser eigenes Volk – und hat getan, was kein anderer konnte.«

Mit brechender Stimme sagte der Generalkommandeur:

»Komm hoch, Antonio.«

Antonio war verdutzt. Kurz spürte er jedes einzelne seiner fünfundfünfzig Lebensjahre und konnte nicht einmal mehr vom Stuhl aufstehen. Zum ersten Mal überhaupt bekam er Panik, denn er hatte noch nie vor einem so großen Publikum gesprochen. Dabei hätte das doch eine einfache Übung sein sollen, verglichen mit den Tausenden Malen, bei denen er sein eigenes Leben für ein anderes aufs Spiel gesetzt hatte. Doch das hier war etwas anderes. Er war geboren worden, um am Meer zu sein, nicht den Launen von Menschenfeiern ausgeliefert.

»Geh schon, Papa!«, sagte seine Tochter Cecibelle.

»Ich kann nicht«, antwortete er.

»Natürlich kannst du!«, versetzte sie. Sie sah ihrem Vater in die Augen. »Jetzt hast du die Gelegenheit, deine Wahrheit zu verkünden, die du erkannt hast, ohne von den Regeln der Gesellschaft beeinflusst worden zu sein. Du hast mir beigebracht, mein Leben nach Grundsätzen auszurichten, nicht nach Traditionen. Erzähle deine Wahrheit. Du musst sie mit anderen Menschen genauso teilen wie mit mir. Du wirst damit mehr als nur ein paar der Anwesenden in Erstaunen versetzen. Ich weiß es in meinem Herzen.« Cecibelle hielt die

Hand ihres Vaters umklammert und sagte eindringlich: »Vielleicht werden die Leute irgendwann vergessen, was du heute sagst, vielleicht sogar, was du im Leben erreicht hast. Aber sie werden nie vergessen, welches Gefühl du ihnen heute vermittelt hast!«

Antonio sah seine Tochter an. Er gab ihr einen Kuss, griff nach den Armlehnen des Stuhls und zog sich mit zitternden Beinen hoch. Das Podium war nur zwei Meter entfernt, doch Antonio kam die Strecke weiter vor als die gesamte Länge seiner Insel. Alle erhoben sich und klatschten Beifall. Dieses Getöse machte Antonio nur noch nervöser. Um sich abzulenken, konzentrierte er sich auf die Fauna seiner geliebten Insel, und mit der Arglosigkeit, die sein ganzes Leben gekennzeichnet hatte, sah er mit den Augen zwar in die Gesichter der Leute, mit dem Herzen war er jedoch bei den Albatrossen, den Seelöwen, den Guanotölpeln, den Walen und Delfinen. Ganz kurz meinte er sogar, in der Ferne seine Mutter und seinen Vater Guillermo zu sehen, der ihm liebevoll zuwinkte. Und er erinnerte sich an das erste Mal, als er den Klang der Stille gehört hatte.

Plötzlich wurde es ganz still im Publikum. Antonio stand vor dem Mikrofon, dankte allen Anwesenden und sagte:

»Nur wenige von euch kennen meine Geschichte, aber das ist wahrscheinlich auch egal, denn wir alle haben unsere eigene. Heute ist ein besonderer Tag – wir dürfen einer neuen Garde Rettungsschwimmer gratulieren. Und nur das zählt wirklich. Ich kann lediglich sagen, dass mein Leben, bevor ich in die Welt der Menschen kam, von Grundsätzen geprägt war und nicht von Traditionen. Um ehrlich zu sein, verstehe ich viele Gepflogenheiten bis heute nicht, aber meine Prinzipien sind immer noch Teil meines Lebensalltags. Sie sind in mir lebendig, nicht außerhalb von mir.« Er machte eine kleine Pause und fuhr fort: »Vielleicht bin ich einfach nur anders, und alles, was anders ist, erschreckt bekanntlich manche Leute.«

Er sprach ganz ruhig. Die Worte kamen aus seinem Herzen.

»Als ich in eure Welt kam, entdeckte ich viel Neues: große Städte, aber kleine Gemüter, breite Straßen, aber enge Sichtweisen. Ich war erstaunt zu sehen, wie viel Geld Leute ausgaben, weil sie dachten, sie hätten so viel, in Wirklichkeit aber besaßen sie nur wenig: riesige Häuser und winzig kleine Herzen. Ich sah, wie sie versuchten, sich das Leben bequemer zu machen, am Ende aber immer weniger Zeit hatten, um glücklich zu sein. Man meint, die Technik würde mit größerem Wissen einhergehen, aber so viele Menschen haben dadurch ihr gesundes Urteilsvermögen verloren. Alle scheinen immerzu an einem Wettkampf teilzunehmen: schneller fahren, mehr arbeiten, noch wütender werden, müde aufwachen und zu viel fernsehen und doch nicht mit der Welt und den Menschen in ihrem unmittelbaren Umfeld in Verbindung zu stehen. Ihr habt wahrlich gelernt, euren Lebensunterhalt zu verdienen, nicht aber zu leben. Vielleicht habe ich gar nicht das Recht, jetzt so zu euch zu sprechen, aber anders kann ich es nicht. Fühlt euch bitte nicht gekränkt von meinen Worten – ich bin nur ein Mensch wie jeder andere, sehe das Leben aber vielleicht aus einer anderen Perspektive. Nach meinen ersten sieben Lebensjahren auf einer kleinen, einsamen Insel und nach mehr als vierzig Jahren hier in der Gesellschaft habe ich mehr schöne Erinnerungen an die ersten sieben Jahre mit mir allein als an die restlichen vierzig in einer komplizierten Welt. Aber ich will nicht lügen und behaupten, dass ich gar keine wunderbaren Erinnerungen an die Zeit hier habe. Fünf davon sitzen nämlich hier vor mir: meine Frau und meine vier Kinder. Ich habe nicht gewusst, dass Menschen sich so leidenschaftlich lieben können, das heißt, doch, ja: So eine Leidenschaft habe ich als Kind auf einer abgelegenen Insel kennengelernt: Zwei Menschen – nämlich meine Eltern, verstoßen von einer Gesellschaft, die nicht begriffen hatte, dass Liebe kein Alter kennt – hatten beschlossen, ihr Leben hier aufzugeben und ihrer Liebe zu folgen, egal, was andere davon hielten. Ich habe dieses magische Gefühl selbst erlebt und daraus gelernt. In diesen Zeiten werden wir Zeugen davon, dass wichtige Menschen einen kleinen Geist haben. Wir leben in einer Zeit, da der Mensch nicht für das geachtet wird, was er ist, sondern für das, was er besitzt. Ich möchte euch nahelegen, mehr Zeit mit euren Lieben zu verbringen, denn sie werden nicht ewig bei euch sein. Vielleicht kann ein nettes Wort zu einem Unbekannten seinen Tag, ja vielleicht sein ganzes Leben verändern. Redet mit Fremden, nehmt sie in den Arm – so einen Schatz könnt ihr von Herzen schenken, er kostet euch keinen Céntimo. Nehmt nichts für selbstverständlich. Das Leben schuldet euch nichts: Alles, was ihr bekommt, ist ein segensreiches Geschenk, vergesst das nicht. Wartet nicht darauf, dass jemand stirbt, damit ihr euch an ihn erinnert – geht zu ihm, bevor es zu spät ist und dankt ihm für all das Wundervolle, das er euch mit auf den Weg gegeben hat. Und wenn ihr Streit habt, versöhnt euch wieder rechtzeitig. Lernt, mit anderen, aber auch mit euch selbst auszukommen. Nehmt euch Zeit zu lieben, zu erzählen, die kostbaren Gedanken in eurem Kopf mit anderen zu teilen. Hört euren Nächsten zu, denn keiner allein kennt die ganze Wahrheit. Ich mag Menschen, die selbst aktiv werden, die man zu nichts drängen muss. Ich mag Menschen, die wissen, wie wichtig Glücklichsein ist, Menschen, die sich nicht schämen, die mich auf konstruktive Weise kritisieren und mir dabei in die

Augen sehen – sie sind meine Freunde. Sie sind verliebt in das Leben, sie freuen sich auch über einen Regentag, sie erkennen an, dass es keine Grenzen gibt. Jeder sollte das Leben mit eigenen Augen betrachten. Man sollte es nur bereuen, wenn man unglücklich ist, und niemals vergessen, dass unser Dasein auf dieser Welt nur eine kurze Reise ist.«

Antonio blickte ins Publikum. Da war Ismael, sein treuer Schulfreund, der nun Arzt war.

> *Gute Freunde sind wie die Sonne.*
> *Du kannst sie nicht immer sehen,*
> *Aber Du weißt, dass sie immer da*
> *sind.*

»Glaubt nicht alles, was ihr hört. Gebt nicht alles Geld aus, das ihr habt. Verschlaft euer Leben nicht. Wenn ihr euch bei jemandem entschuldigt, dann schaut ihm in die Augen. Glaubt weiterhin an die Liebe auf den ersten Blick und lacht nie über die Träume anderer Menschen. Wer keine Träume hat, hat auch sonst nicht viel. Wenn ihr streitet, bleibt fair und verletzt euer Gegenüber nicht. Denkt immer daran, dass große Erkenntnisse auch große Gefahren bergen. Und wenn ihr mal verliert, erinnert euch an alles, was ihr gelernt habt. Mit Geld kann man ein Haus kaufen, aber kein Heim. Mit Geld kann man eine Uhr kaufen, aber keine Zeit. Mit Geld kann man einen Arzt bezahlen, Gesundheit kann man sich aber nicht erkaufen. Mit Geld kann man in eine Machtposition kommen, sich aber keine Achtung erwerben. Mit Geld kann man Sex kaufen, aber keine Liebe.«

Er fuhr fort: »Wenn ihr eine Sternschnuppe seht, behaltet ihr Bild im Herzen – es ist die Seele eines Menschen, der Liebe in diese Welt gebracht hat. Gebt immer euer Bestes, dann kommt das Beste auch zu euch zurück. Mitunter werdet ihr egoistischen Menschen begegnen, aber verzeiht ihnen einfach. Wenn ihr in Frieden und Glück lebt, werden viele euch beneiden – dennoch: Seid glücklich und lebt in Frieden! Vergesst nicht, dass Ehrgeiz und Habgier einen Schutzraum für jene bilden, die es nicht geschafft haben, den wahren Sinn des Lebens zu erfassen. Mit Vergebung kann man die Vergangenheit vielleicht nicht mehr verändern, wohl aber die Zukunft.

Ich würde gern bleiben, aber ich muss noch über viele Brücken gehen. Wer von euch hat schon einmal etwas Wunderbares bekommen, um das er gar nicht gebeten hat? Nun, vielleicht liegt es allein an uns selbst, was wir ernten.

Seid nicht traurig, wenn etwas Gutes zu Ende geht, freut euch darüber, dass es überhaupt geschehen ist. Und wenn das Leben euch Grund zur Trauer gibt, dann zeigt allen, dass ihr trotzdem tausend Gründe habt zu lächeln.

Ich bin groß geworden, aber nie alt. Meine

Gedanken können an meinen Taten nichts mehr ändern, aber meine Taten können ganz sicher mein Denken verändern. Ich habe die Erfahrung gemacht, dass es zwei Arten von Menschen gibt: Problembereiter und Problemlöser. Letztere betrachten ein Problem als eine Herausforderung, als eine Chance, um dazuzulernen. Für Problembereiter sind Probleme nur Schmerz und Qual. Ihnen ist nicht klar, dass Probleme dazugehören. Durch eine leidvolle Erfahrung weiß man das Glück zu schätzen, wenn man es erlebt. Denkt nicht, dass das Leben euch ungerecht behandelt – es schuldet euch nichts. Ihr selbst seid eure beste Investition. Am besten lebt ihr, indem ihr niemals anderen schadet. Respekt ist eine große Tugend.«

Antonio hielt inne. Alle lauschten ihm gebannt. Er sah seine Mutter Isolina an, dann blickte er kurz in den Himmel und dachte an seinen Vater. Er fühlte sich nun wieder wie sieben Jahre alt und hörte den Klang der Stille. Und er dachte an den Teich mit der Lotosblume und ließ sein Herz sprechen:

> *Es soll kein Tag kommen, an dem Ihr*
> *nicht wisst, was Ihr tun sollt.*
> *Kein Tag, an dem Ihr vorgebt, jemand*
> *zu sein, der Ihr nicht seid.*
> *Kein Tag mit Angst vor den Dingen,*
> *die Ihr tun, und vor den Träumen,*
> *denen Ihr folgen müsst.*

Kein Tag, an dem Ihr in Kummer schwelgt.

Kein Tag, an dem Ihr nicht darüber nachdenkt, was Ihr einem anderen Menschen Gutes tun könnt.

Kein Tag, an dem Ihr über andere urteilt, anstatt sie zu verstehen zu versuchen.

Vielleicht bedeutet Glück für einen anderen Menschen etwas anderes als für Euch selbst.

Wacht nicht eines Morgens auf, ohne dankbar zu sein, noch einen weiteren Tag leben zu dürfen.

Und glaubt mir: Irgendwann werdet Ihr alt genug sein, um wieder Märchen zu lesen. Dann habt Ihr etwas gelernt.

Vierter Teil

Vivianas Geschichte

Jeder Mensch sei zweimal im Leben
ein Kind, heißt es:
am Anfang und wenn das Ende naht.

Ich telefonierte mit einem von Antonios Söhnen, dem Journalisten, der mir die Geschichte seines Vaters erzählt hat. Ich sagte ihm, dass wir noch etwas unternehmen müssten, damit ich dieses Buch zu Ende schreiben konnte.

»Und was ist das?«, fragte er.

»Wir müssen deinen Vater zurück auf seine Insel bringen. Ich möchte gern wissen, wie er sie sieht. Ich möchte selbst hören, was er sagt, wenn wir auf der Insel sind. Meinst du, du könntest ihn überreden?«

»Ich denke schon. Willst du mit ihm allein sein, oder können meine Mutter und meine Geschwister mitkommen?«

»Wir können alle zusammen gehen«, sagte ich. Ich fand es toll, Antonio umgeben von den beiden

Konstanten zu erleben, die ihm wohl am meisten bedeuteten: die Natur und seine Familie.

»Schön!«, sagte Antonios Sohn. »Gib mir eine Woche Zeit, damit ich mit meinem Vater reden kann, ich sage dir dann Bescheid.«

In der Zwischenzeit widmete ich mich dem Schreiben und Surfen. Unter meinen E-Mails fand ich einen netten Brief von einer jungen Frau aus Italien. Ihr Name war Viviana. Sie schrieb, dass sie ein ganz einfaches Leben führe und gelernt habe, wirklich »zu lieben«.

Mit sechzehn hatte sie ihre bislang schönste Erfahrung, schrieb Viviana. Sie besuchte ihre Urgroßmutter mütterlicherseits im Krankenhaus, eine schwache alte Frau, die schwer krank und bettlägerig war und sehr traurig aussah. Der Grund für ihren Zustand, erzählte mir Viviana, war deren Niedergeschlagenheit. Denn keiner kümmerte sich um sie, nicht einmal ihre eigene Tochter. Die alte Frau aß und sprach nicht mehr, sie wollte einfach nur im Krankenhaus sein, damit sie sich auf der Welt nicht so einsam fühlte.

Viviana, mit ihren sechzehn Jahren, fand aber, dass sie sich dieser lieben alten Frau annehmen müsse, sie war ja schließlich ihre Urgroßmutter. Sie sprach mit ihr und fütterte sie. Die ersten Tage waren schwierig, doch mit viel Geduld und Liebe konnte sie das Herz der alten Frau berühren. Sie aß wieder mit Appetit und sprach auch wieder. Schließlich sagte sie zu ihrer Urenkelin, dass sie ihr die Chance geschenkt hätte, ihre letzten Tage in Frieden und Harmonie zu verleben. Die alte Dame konnte wieder nach Hause gehen.

Doch einen Monat später starb sie. Bei der Beerdigung traf Viviana, die der Neunzigjährigen neue Hoffnung geschenkt hatte, den Nachbarn der Urgroßmutter.

»Bist du Viviana?«, fragte er.

»Ja.«

»Ich muss dir etwas sagen.«

»Ja?«

»Ich war dabei, als deine Uroma starb. Kurz vor ihrem Tod sagte sie etwas sehr Schönes: dass sie fast neunzig Jahre warten musste, um hier auf Erden einen Engel zu finden. ›Ich danke dem einzigen Engel, den ich je getroffen habe‹, das waren ihre letzten Worte. Und du, Viviana, warst dieser Engel.«

Ich lächelte. Jeder Mensch hat eine Aufgabe auf Erden. Ich weiß es, und Viviana weiß es auch. Viele Menschen wissen es.

Und fragt mich nicht, warum, aber wenn ich Antonio zurück auf seine Insel brächte, würde ich mich wohl wie Viviana fühlen – nicht wie ein Engel, aber eben wie ein ganz einfacher, normaler Mensch, der aus Liebe handelt und das Leben eines anderen Menschen, der nicht so viel Glück hatte, von Grund auf verändern kann.

Nach einer Woche bekam ich einen Anruf von Antonios Sohn. Er sagte, es sei schwierig gewesen, seinen Vater zu einer Rückkehr auf die Insel zu überreden, denn er habe sie so in Erinnerung behalten wollen, wie er sie in seiner Kindheit erlebt hatte. Doch Gladys habe ihm gut zugeredet: Er sei nicht allein, sie und die Kinder würden auch mitkommen. Also änderte Antonio seine Meinung und willigte ein.

»Toll!«, sagte ich. »Ich kümmere mich um alles, dann könnten wir schon nächste Woche fahren. Ist das in Ordnung für deinen Vater?«

Ich hörte Antonios Sohn am anderen Ende der Leitung lachen. »Wenn es nach ihm ginge, würde er sofort aufbrechen!«

»Wie schön«, sagte ich. »Dann fahren wir am Wochenende. Ich hole euch ab, und wir mieten ein Boot, das uns auf die Insel bringt.«

»Danke.«

»Nein, ich habe für diese einmalige Gelegenheit zu danken.«

Heimkehr

Zu den Islas Guañape waren es zwei Stunden Fahrt.

Die ganze Familie war zusammengekommen, um Antonio in seine alte Heimat zu begleiten. Wir mieteten zwei kleine Fischerboote. Die See war ruhig, sodass wir eine angenehme Überfahrt haben würden, sagte der Fischer, dem die Boote gehörten.

Die Sonne brannte, wir schwitzten, nur eine leichte Brise erfrischte uns. Das stete Brummen des Dieselmotors wiegte einen von Antonios Söhnen in den Schlaf. Wir anderen hingegen sahen uns um und erfreuten uns am gelegentlichen Zwitschern der Zugvögel, die hoch am Himmel über die alten Boote hinwegglitten.

Nach etwa anderthalb Stunden konnten wir in der Ferne die Umrisse einer kleinen Insel ausmachen, verloren im unendlichen Ozean und von Wolken verhüllt. Mit jeder Minute sahen wir sie deutlicher.

Antonio zitterte. Sprachlos starrte er die Insel

an. Ganz kurz meinte ich, diesen verzauberten Blick, den sonst nur Kinder haben, an ihm zu entdecken. Antonio war endlich wieder zu Hause.

»Papa, da oben auf dem Gipfel der Insel bewegt sich etwas«, rief einer von Antonios Söhnen. Und tatsächlich: Um den Berg kreisten Hunderttausende Guanokormorane. Wir waren wohl gekommen, kurz bevor die Tiere zu ihrem täglichen Beutezug aufbrachen. Die einen schwebten im Wind über der Insel, die anderen hockten auf den steilen Klippen, während wiederum andere sich kopfüber ins Wasser stürzten, um wenige Minuten später mit einem regenbogenfarbenen Fisch im Schnabel wieder aufzutauchen. So etwas hatte ich noch nie gesehen. Man konnte die vielen Vögel gar nicht zählen. Sie waren überall. Zwischendrin entdeckte man auch den ein oder anderen Seelöwen, der in der Brandung herumtollte.

Als wir anlegten, rochen wir es: Guano. Antonios Familie hielt sich Taschentücher vor die Nase. Ich war wohl eher an diesen Geruch gewöhnt, weil ich schon oft in der Nähe dieser Vögel gewesen war, doch die Unmengen von Vogeldung auf der Insel, der in der Sonne trocknete, verströmten eine Mischung aus Ammoniak und anderen strengen Aromen. Dennoch war dieses Schauspiel aus Millionen Vögeln, die den ganzen Himmel bedeckten, etwas nie Gesehenes.

Während Gladys und die Kinder versuchten,

sich an diesen Geruch zu gewöhnen, spazierte Antonio schon am Strand entlang. Was ging ihm wohl durch den Kopf? Seine Erinnerungen?

Ich ging zu ihm und sah ihm in die Augen, doch sein Blick war nach innen gekehrt.

»Alles okay?«, fragte ich.

»Bestens. Nach so langer Zeit geht es mir wieder gut, ich bin wieder vollständig.«

Er ging weiter, ich folgte ihm.

»Darf ich?«, fragte ich.

»Natürlich. Ich will dir zeigen, was ich vor so vielen Jahren gesehen habe.«

Wir wanderten einige Minuten lang unter der sengenden Sonne, die uns ins Schwitzen brachte. Der Geruch des Guanos war schwächer geworden, weil der Wind ihn nun hinaus aufs Meer trieb.

Wir überquerten schließlich einen schmalen Sandstreifen und kamen an eine ebene Stelle. Vielleicht fünfzig Meter vor uns stand eine Hütte – oder was von ihr übrig war – still in der heißen Mittagssonne.

»Mein Zuhause«, sagte Antonio.

Wir betraten die Hütte durch eine alte, klapprige Holztür. Innen war alles mit einer dicken Schicht Staub und Sand überzogen, einschließlich der Überreste dessen, was einmal das Heim einer dreiköpfigen Familie gewesen war, die sich für die Liebe und gegen die Gesellschaft entschieden hatte.

Es gab eine kleine Küche, zwei kleine Schlafzimmer, nutzlose Steppdecken auf dem Boden, Kerosinlampen, eine Feuerstelle – mehr nicht.

»Antonio?«, fragte ich.

»Ja?«

»Wie konntet ihr, du und deine Eltern, unter so erbärmlichen Bedingungen hier leben?«

Er lächelte. »Für sie zählte nur die Liebe. Sie hatten keine andere Wahl. Und ich habe in den ersten sieben Jahren meines Lebens nichts anderes gekannt. Wenn du an einem Ort lebst und ihn nicht mit anderen Orten auf der Welt vergleichen kannst, gewöhnst du dich daran. Und wenn man das Glück hat, die Welt mit den Augen der Seele zu sehen, dann liebt man sie sogar. Mit sieben Jahren hätte ich diese Insel gegen nichts auf dieser Welt eingetauscht.«

Er hatte recht. Doch ich konnte mir nur vage vorstellen, was man sieben Jahre lang allein in der Natur und im Klang der Stille erfahren konnte.

»Was hast du hier gelernt, Antonio?«

Er blickte durch das Fenster auf das Meer hinaus.

»Ich habe gelernt, Schätze zu finden und sie nicht wegzuwerfen. Ich habe gelernt, den Vollmond zu betrachten und zu träumen, ihn jedoch nie vom Himmel holen zu wollen. Ich habe gelernt, die Sonne und ihre Wärme zu spüren und diese Wärme mit anderen zu teilen. Und wie oft ich unter den funkelnden Sternen träumte! Ich habe gelernt, den Wind nicht aufhalten zu wollen, sodass er frei sein kann wie wir. Ich habe gelernt, unbesorgt zu sein, wenn die Jahreszeiten sich ändern, wenn die Zeit vergeht, wenn man älter wird. Wichtig ist nur der eigene Lebenswille. Ohne ihn erreicht man, ganz unabhängig vom Alter, gar nichts. Man muss immer alle Türen und Fenster öffnen, die sich einem in den Weg stellen, und den Wind durchziehen lassen. Man muss seinen Träumen folgen, ihnen aber auch Leben einhauchen. Man muss die Seele mit Liebe nähren, die Wunden mit Zärtlichkeit heilen. Man kann sich jeden Tag neu entdecken, und man sollte seinen Weg zu Ende gehen, welchen auch immer man gewählt hat. Und man muss glauben, muss sein Leben mit Glauben erfüllen. Tu nichts, was dich nicht glücklich macht. Wehre dich gegen alles andere und widme dich dem wahren Leben – einfach wie der Regen, weich wie der Wind, klar wie der Sommerhimmel, süß wie die Morgenluft. Liebe deine bescheidene Welt und lausche dem Klang der Stille!«

Noch lange saßen wir schweigend zusammen. Wir erfreuten uns am Augenblick und genossen es, einfach nur am Leben zu sein.

Antonios Familie kam und sagte: »Der Fischer meint, dass wir jetzt zurückfahren müssen. Der Wind frischt auf, wir sollten gleich aufbrechen.«

Antonio erhob sich und nahm seine Frau und Kinder in den Arm. »Ich danke euch«, sagte er. »Das Beste, was das Leben mir geschenkt hat, seid ihr – und dass ich auf dieser Insel aufwachsen durfte.«

Er küsste seine Frau, sie lächelte ihn an und sagte:

»Du willst wohl nicht mit uns zurückfahren.«

»Heute nicht. Sag dem Fischer, er soll mich morgen abholen, ja?«

»Ja, gut.«

Er hielt seine Frau im Arm. »Doch wenn ich morgen zurückkomme, werde ich dich wieder jede Nacht in den Armen halten. Immer.«

Ich gehörte zwar nicht zur Familie, aber mir kamen die Tränen. »Recht hat er!«, dachte ich. Das Leben kann so schön und so einfach sein.

Antonio umarmte seine Kinder.

»Dann bis morgen«, sagten sie.

»Bis morgen«, sagte Antonio.

Er drehte sich zu mir um. Er wusste, was ich dachte. Ich hatte nur nicht den Mut, ihn zu fragen.

»Du kannst auch bleiben, wenn du willst«, sagte er. »Du hast mich auf die Insel zurückgebracht, also kann ich dir zumindest vermitteln, was ich so oft hier gefühlt habe.«

»Danke!«

»Nein, ich habe dir zu danken«, sagte er.

Die Vogelinsel

Wir sahen zu, wie sich die kleinen Fischerboote langsam von der Insel entfernten, die Männer ruderten eine Weile, bevor sie die Motoren anwarfen. Bald waren die Boote nur noch kleine Punkte in der Ferne und verschwanden schließlich ganz am Horizont.

Auf einmal sprang ein Delfin aus dem Meer, das Wasser rann an seiner glatten Haut hinab, während er durch das glitzernde Sonnenlicht tollte. Und dann tauchte ein weiterer auf und noch einer, bis schließlich sechs Delfine in den Wellen spielten und schwammen.

Wir lachten wie Kinder.

»Das Meer hat kein Alter«, sagte ich.

»Ich weiß«, sagte Antonio.

»Meinen ersten Delfin habe ich mit fünf Jahren gesehen. Es hat mich umgehauen. Aus irgendeinem Grund wusste ich damals, dass mein Leben nie wieder so sein würde wie zuvor.«

»Das Alter verlangsamt den Schritt derer nicht,

die den Mut haben, auf eigenen Beinen zu gehen«, sagte Antonio. »Auf der Betoninsel habe ich die Erfahrung gemacht, dass manche Menschen süchtig sind nach ihrer Arbeit oder nach dem Kontakt mit anderen. Sie sind unglücklich, weil sie immer Angst haben, etwas zu verpassen. Doch sie können das, was sie tun, nicht sein lassen. Ich weiß, dass es auf die grundlegenden Fragen des Lebens nie eine Antwort geben wird. Aber wir können trotzdem weitergehen. Wenn man immer auf der sicheren Seite bleibt, hat man ein normales Leben, man bekommt keine größeren Probleme, wird nicht vor Herausforderungen gestellt. Doch wenn man seinem Herzen folgen will …«

Er lächelte. »Ich darf nicht ungerecht sein, ich muss fair bleiben. Das Leben war sehr großzügig zu mir, es hat mir mehr gegeben, als ich mir je erträumt hätte, und es hat mich mit zärtlicher Liebe verwöhnt, die ich gar nicht verdient habe. Ich habe eine Menge erreicht, zumindest für meine Verhältnisse. Doch zum Glück habe ich meine Erinnerungen, und die sagen mir immer, wer ich bin und woher ich komme. Nur wenn ich das weiß, verliere ich die wirklich wichtigen Dinge im Leben nicht aus den Augen, wie etwa die Einfachheit der Natur, die ich so sehr liebe. Ich verirre mich nicht in Bequemlichkeiten und verliere nicht das Wesen meiner Seele. Ich verweigere mich den Zeiten, denn die Zeitlosigkeit hat mir die Bedeutung von

Freiheit und Glück aufgezeigt und mich zu einem wahrhaftigen Menschen gemacht.«

Er hielt kurz inne und sagte dann: »Wandere über die Insel, mein Freund. Beobachte alles und lausche aufmerksam. Später mache ich an meiner Lieblingsstelle ein Feuer. Wenn du dessen Schein siehst, dann komm und setz dich zu mir.«

»Gern«, sagte ich.

Er lächelte und machte sich auf den Weg zum Gipfel der Insel, wo seine Freunde, Millionen Vögel, auf ihn warteten.

Ich weiß nicht, wie lange ich unterwegs war und die prachtvollen Vögel beobachtete, die nach der Futtersuche im Meer zu ihren Nestern zurückkehrten. Als der Feuerball langsam am Horizont versank und die Dämmerung hereinbrach, kamen auch die letzten ihrer Artgenossen zurück. Ich weiß nicht, warum Vögel immer in der Morgen- und Abenddämmerung schreien. Und wenn die Nacht sich herabsenkt, sind sie still. Wie Zikaden.

Oben auf der Insel, in der Nähe der Hütte – Antonios Zuhause in den ersten sieben Jahren seines Lebens – schien ein kleines Licht auf. Antonio hatte ein Feuer angezündet, ich konnte es aus der Ferne sehen. Über uns funkelten Myriaden Sterne, und der Halbmond warf einen schmalen Silberstreifen aufs Meer.

Die Insel war nicht sehr hoch, es waren nur etwa

hundert Meter zu der Stelle, wo Antonio saß, doch ich konnte nicht mehr sehen, wo ich hintrat. Wie sollte ich zu ihm kommen? Es gab keinen Weg, jedenfalls konnte ich keinen erkennen, nur scharfkantige Steine.

Ich verstehe mich zwar als Abenteurer, aber ich hatte ein bisschen Bammel – die Einsamkeit, die dunkle Nacht, die Stille …

Der Klang der Stille!

Ich schloss die Augen. Nach so vielen Jahren hörte ich nun wieder den Klang der Stille. Stille, die mich mit mir allein sein lässt und mir den einsamen Ort in meinem Herzen offenbart, der nur mir – dem Ich, das ich bin – gehört. Dieser ätherische Raum ohne Zeit, das Wesen meiner Seele.

Und da hörte ich wieder meine eigene und einzigartige innere Stimme:

Die Nacht dreht sich auf unsichtbaren Rädern und nimmt mich und mein Herz mit über die Meere der Zeit. Ohne Dich, du kostbare innere Stimme, bin ich nur ein Traum. Als unendliches Wesen spüre ich, wie mein Herz frei im Wind schwebt. Ich erinnere mich an die ersten Sterne, die in der Nacht glitzerten, an das Lied der kleinen Seelöwen, die nach ihren Müttern riefen. Ich bin eins mit dem Universum, und dann hören alle Schwierigkeiten auf, der Kampf gegen meine eigenen Ängste ebbt ab, alles wird friedlich und ruhig. Der Klang der

Stille ist wie das Meer, ein Freund, der mich niemals im Stich lässt. Also geh hin und erfreue Dich an den einfachen Dingen, die Du hier erlebst, denn bald musst Du wieder auf die Betoninsel zurück, wo alles kompliziert ist.

Ich schlug die Augen auf, da ich meinen inneren Frieden wiedergefunden hatte. Ich zog die Schuhe aus und ging langsam über die weiche Erde, wie es Tiere in der Nacht tun. Bevor ich das Gewicht meines Körpers auf ein Bein verlagerte, konnte ich die Erde, den Boden, den Vogeldung, ja sogar die Steine spüren. Der Sinn jeder Handlung, die wir unternehmen, hängt von unserer inneren Einstellung dazu ab. Und der Sinn meiner Tat war nun, den Hügel hinaufzugehen, weil ein Feuer auf mich wartete.

»Da bist du ja!«, sagte Antonio.

»Ja.«

»Gutes Timing. Das Feuer brennt jetzt gut und wird uns in der Nacht wärmen.«

Ich lächelte. Antonio saß auf einem Felsen neben den Vögeln.

»Man riecht den Guano jetzt nicht mehr so, oder?«

»Ja.«

Der Mensch gewöhnt sich letztendlich an alles. Überdies ließ mich die Stille, in die ich eingetaucht war, den Geruch der Vögel vergessen.

»Es ist so friedlich hier oben«, sagte ich.

»Ja«, sagte Antonio. »Kannst du dir das Leben eines kleinen Jungen vorstellen, der jahrelang all das bestaunt hat, was wir nun hier sehen und spüren? Ein einsames Kind, das in den Augen seiner Eltern wahre Liebe gesehen hat. Nun ja, dieses Kind hat sein Fleckchen Paradies verlassen und ist auf die Betoninsel übergesiedelt. Ich hatte das Glück, dass ich zwei völlig unterschiedliche Welten kennenlernen und vergleichen konnte. Keine ist vollkommen – aber gibt es denn im Leben überhaupt etwas Vollkommenes? Ich war begeistert von Fernsehapparaten, Radios, Kühlschränken, von elektrischem Strom und fließendem Wasser. Aber ist dies den Preis wert, den die Menschen dafür bezahlen müssen? Jeder hat darauf wohl seine eigene Antwort. Ich habe meine, und sie gilt nur für mich. Das Gute an der Wahrheit ist, dass sie sich selbst genügt. Wer sie kennt, muss nicht versuchen, andere davon zu überzeugen. Nur wer unrecht hat und es weiß, versucht, andere zu beeinflussen. Wer seine eigene Wahrheit kennt, tut sein Bestes, danach zu leben. Das ist ein untrügliches Zeichen für Wahrhaftigkeit. Ich werde langsam alt. Wenn man lange genug gelebt hat, fängt man wieder an, Märchen zu lesen. Das Schöne am Alter ist, dass andere dich nicht mehr nach deiner äußeren Erscheinung beurteilen, sondern nach deinem Wesen. Man darf sich selbst einen Augenblick der Stille schenken.

Nur dann wird einem klar, wie verrückt man war, dass man ständig nur von A nach B gerannt ist. Ein trauriges Leben kann jeder haben, das ist einfach. Aber ein glückliches Leben zu führen ist eine Kunst, die man jeden Tag aufs Neue erlernen muss. So wie man auch lernen muss, anderen und sich selbst zu verzeihen, dass sie einen verletzt haben beziehungsweise dass man sie verletzt hat. Vergebung ist Balsam für die Seele, dadurch bekommt man einen klaren Blick für die Realität. Wenn wir darauf verzichten, tragen wir immer eine schwere Bürde in unseren Herzen, die uns hinunterzieht und verhindert, dass wir glücklich sind.«

»Dann bist du also glücklich, Antonio?«

»Ich habe gelernt, es zu sein, egal, wo ich bin und was ich tue. Ich habe immer fünf Dinge bei mir, die für Klarheit in meinem Tun sorgen. Es sind Erinnerungen, die mich mein Leben lang begleiten.«

»Welche sind das?«, fragte ich.

»Die Erinnerung an den Klang der Stille, das Lächeln meiner Mutter, der Duft der Meeresbrise. Ich trage die Frau, die ich liebe, in meinem Herzen. Und ich habe gelernt, den Mund zu halten, wenn ich nichts zu sagen habe.«

Er blickte in die Sterne und fügte hinzu:

»Ja, Sergio. Ob du es glaubst oder nicht: Ich bin ein glücklicher Mensch.«

Nachwort

Ich habe Antonio schon länger nicht mehr gesehen.

Am Anfang hielten wir Kontakt. Wir wussten beide, dass die Dinge sich entwickeln mussten und man nichts aus Pflichtgefühl tun sollte. Ich denke, jeder von uns hat auf seine eigene und einzigartige Weise die Erfahrung gemacht: Man wird, wenn man es zulässt, letztlich Teil des Systems, das sein Land regiert. Und da keiner sich aussuchen kann, wo er geboren wird, liegt es an jedem Menschen selbst, herauszufinden, was er in der Welt, in der er lebt, gut findet und was nicht.

Freie Geister können allein leben oder auch zusammen mit anderen, aber man kann sie nicht manipulieren. Wenn ich vor einiger Zeit Traditionen noch als eine Fessel betrachtet habe, die mich daran hinderte zu sein, wer ich sein wollte und schon immer war, weiß ich heute, dass man eine Wahl hat: Wenn einem Traditionen gefallen, soll man sich daran erfreuen, wenn nicht, soll man sie nicht beachten. Wenn Leute nicht verstehen, wieso du dich so verhältst, dein Leben so lebst, wie du es tust – dann sage dir immer: Es ist ihr Problem, nicht deines. Wir haben den freien Willen zu sein, wer wir sein wollen, und das heißt wiederum, dass wir am Ende keinem die Schuld geben können, wenn uns unser Lebensstil nicht passt. Willst du Risiken eingehen? Bitte schön! Aber sei dir auch über die Konsequenzen deines Tuns im Klaren. Vor allem musst du eindeutig beurteilen können, ob du anderen damit schadest. Oder ob sie sich gar selbst schaden, weil sie dein Handeln nicht begreifen, denn es steht allen Gepflogenheiten entgegen, auf die sie ihr Leben gebaut haben. Kein Mensch kennt die ganze Wahrheit – das macht uns menschlich. Wir können immer nur versuchen, unser Bestes zu geben. Irgendwo habe ich gehört, dass Perfektionismus der Feind des gut Gemachten sei. Das glaube ich auch.

Traditionen! Daran ist nichts falsch, wenn man gern danach leben will – aber wenn nicht, muss man auf einiges gefasst sein, denn die Mehrheit versucht, ihre Macht durchzusetzen. Obwohl wir tagtäglich und in jedem Moment erleben, wie die Welt sich verändert, gibt es noch immer Menschen, die wollen, dass alles so bleibt, wie es ist. Ich habe damit kein Problem, ich respektiere es. Ich möchte nur, dass sie auch mich respektieren, wenn ich mein Leben nach den Grundsätzen leben will, die mich meine Schwester, die Natur, gelehrt hat.

Neulich habe ich Antonios Sohn wiedergetroffen, den Journalisten, der mich interviewt und mich gefragt hatte, ob ich die Geschichte seines Vaters hören wolle. Ich erkundigte mich nach Antonio. Er sagte, seinem Vater gehe es gut, und lächelte. Mehr musste er nicht sagen. Antonio war wohl endlich auf seine winzige Insel zurückgekehrt, um seine letzten Tage im selben Frieden zu verbringen, in dem er auch groß geworden war – an einem Ort fernab von Lärm und Traditionen, wo er Geist und Seele frei driften lassen konnte, so wie es sein sollte. Vielleicht hatte er aber auch beschlossen, auf dem Festland zu bleiben und anderen dabei zu helfen, die wahre Bedeutung innerer Freiheit zu erfassen. Sollte dies der Fall sein, dann weiß ich, dass ich ihn irgendwann einmal wieder treffen werde, wenn ich am Ende eines Tages barfuß am Meer entlang durch den Sand laufe. Er wird da sein, genau wie ich, und zusehen, wie die Guano-Vögel auf die Insel, zu ihrem Zuhause, zurückkehren. Denn das Zuhause, das ist der besondere Ort im Herzen und in der Seele, wo man in Einklang mit dem Universum steht, das einen umgibt. Ein Platz des Friedens, des wahren Verstehens, der Ruhe, der eigenen Prinzipien und des Glücksgefühls.

Ich muss an Viviana denken, das Mädchen aus Mailand, das mir erzählt hat, wie ganz simple Handlungen das Leben eines anderen Menschen vollkommen verändern können. Nachdem ich Antonio auf die Islas Guañape zurückgebracht habe, weiß ich, dass zwischen ihm und seiner Kindheit, seiner reinen Seele, immer eine goldene Nabelschnur bestehen wird. Und zusammen mit der wunderbaren Familie, die er gegründet hat, kann er hier auf der Betoninsel bleiben, bis er eines Tages wieder auf seine einsame Insel zurückkehrt, sich daran erinnert, wer er ist, und sich nicht von den angeblich »wichtigen« Dingen des Lebens vereinnahmen lässt.

So wie ich, wenn ich surfe oder tauche – das bin ich, der Einsiedler, der zwar gelernt hat, inmitten von Menschenmassen zu leben, der aber jeden Tag alles daransetzt, nicht zu vergessen, wer er wirklich ist und was der Sinn seines Lebens.

Bei einem anregenden Gespräch, bei einer frisch gebrühten Tasse Kaffee, fragte ich Antonios Sohn, was er von seinem Vater gelernt hat.

»Mein Vater hat mir einmal eine Geschichte erzählt«, sagte er. »Krates von Theben, ein Anhänger der kynischen Lehren des Diogenes, soll hässlich, bucklig und lahm gewesen sein. Doch das reichte ihm nicht. Eines Tages nahm er all sein Geld und warf es von einer Klippe ins Meer. ›Lieber verliere ich dich jetzt, bevor ich deinetwegen mein Leben verliere‹, soll er seinem Geld hinterhergerufen haben. Mein Vater hat mir beigebracht, dass die geistige Kapazität eines Menschen nicht von der Anzahl Bücher abhängt, die er gelesen, sondern von dem, was er daraus gelernt hat. Er hat mir beigebracht, dass meine Gedanken meine Taten nicht mehr verändern, dass sich aber meine Taten auf mein Denken auswirken. Er hat mir beige- bracht, dass man sich erst selbst ändern muss, wenn man die Welt verändern will. Und dabei muss man bei seinem Herzen beginnen. Er hat mir beigebracht, dass Ehrgeiz und Gier die letzte Zu- flucht einer gescheiterten Existenz sind. Er hat mir beigebracht, niemals auf das Leben anderer nei- disch zu sein, denn jeder kann selbst aus seinem Leben ein Gedicht machen. Er hat mir beigebracht, dass unsere Gedanken und Gefühle miteinander in Einklang stehen müssen, wenn wir inneren Frieden erlangen wollen. Vor allem hat er mir aber bei- gebracht, dass der einzige Mensch, der dich ein Leben lang begleiten wird, du selbst bist. Lebe, so- lange du am Leben bist.«

Nachdem Antonios Sohn gegangen war, blieb ich noch sitzen und trank meinen Kaffee aus. Als ich gerade aufstehen wollte, landete eine kleine Nach- tigall direkt vor mir auf dem Tisch, sie berührte mich sanft mit ihrem Flügel und sah mich an.

»Ist etwas?«, fragte ich sie.

»Nein, eigentlich nicht.«

Ich lächelte. »Ja, ich weiß, dass du mir vor langer Zeit gesagt hast, dass ich auf dich hören sollte.«

Ich hätte schwören können, dass dem kleinen Vogel ein Lächeln im Gesicht stand. Es war so wunderbar. Es erinnerte mich daran, dass es immer noch so vieles gibt, das ich vom Leben lernen kann, solange ich bescheiden bleibe und niemals vergesse, das Leben zu leben, zu dem ich auf die Welt gekommen bin: mein eigenes, einzigartiges Leben.

Der Millionenbestseller

Sergio Bambaren

Der träumende Delphin

Eine magische Reise zu dir selbst

Aus dem Englischen
von Sabine Schwenk
Piper Taschenbuch, 96 Seiten
€ 10,00 [D], € 10,30 [A]*
ISBN 978-3-492-22941-8

Der junge Delfin Daniel Alexander ist ein Träumer, der ganz fest an die perfekte Welle glaubt. Eines Tages verlässt er das sichere Riff seiner Artgenossen und macht sich auf die selbst bestimmte Suche nach dem richtigen Leben. Diese wunderbare Geschichte über persönlichen Mut und überwundene Ängste hat, wie einst »Die Möwe Jonathan«, unzählige Leser auf der ganzen Welt angerührt und begeistert.

PIPER

Leseproben, E-Books und mehr unter www.piper.de

»Male deinen Traum mit den Farben der Natur und mit viel Liebe.«

Sergio Bambaren

Das Fenster zur Sonne

Ein Buch für Freiheitsliebende

Aus dem Englischen
von Gaby Wurster
Piper Taschenbuch, 144 Seiten
€ 9,99 [D], € 10,30 [A]*
ISBN 978-3-492-31107-6

Manche Vögel sind nicht dazu gemacht, im Käfig zu leben, denkt sich Sergio Bambaren eines Tages und kehrt der Großstadt den Rücken. An einem abgelegenen Strand baut er sich ein Haus und lebt von nun an im Einklang mit der Natur. Füchse, Vögel, Wale und Delfine werden seine Freunde. Und Bambaren erkennt: Wir sind von Wundern umgeben.

Eine wunderbare Liebeserklärung an alle Lebewesen dieser Erde – mit einem atemberaubenden Bildinnenteil.

PIPER

Leseproben, E-Books und mehr unter **www.piper.de**

Die wunderbare Welt des Charlie Fischer

Arthur Brügger

Das Lächeln des Schwertfischs

Roman

Aus dem Französischen
von Monika Buchgeister
Pendo, 176 Seiten
€ 14,00 [D], € 14,40 [A]*
ISBN 978-3-86612-414-1

Charlies Welt ist die der Fische. Ob Lachssteak oder Schwert-fischkopf – er erfüllt jeden Kundenwunsch in der Fischhand-lung des großen Kaufhauses. Die Reste wandern zu Émile in die nullte Etage. Der führt nämlich die Aufsicht über die Kaufhausabfälle – und er hat ein Geheimnis: Er rettet Bücher aus dem Müll und verwahrt sie in seiner eigenen kleinen Bi-bliothek. Neugierig auf Émile und dessen Geschichten, be-sucht Charlie die nullte Etage immer öfter, bis er eines Tages feststellt, dass Émile gar nicht der ist, für den er sich ausgibt …

pendo

Leseproben, E-Books und mehr unter www.pendo.de